Office 2019

Was gibt's Neues?

Ina Koys

kurz & knackig, Band 12

Inhalt

0 Was in diesem Heft erklärt wird

Im Herbst 2018 ist das neue Office-Paket 2019 von Microsoft erschienen, von dem hier die Rede ist. Das muss man extra betonen, da es hier eine Menge Missverständnisse und vielleicht auch bewusste Falschinformation gibt. Denn außerdem und im Handel vielleicht verbreiteter gibt es Office 365, das diesem Paket ähnlich ist, aber nicht mit ihm identisch. Gerade Wiederverkäufer auf Online-Plattformen bezeichnen die von ihnen verkaufen Jahreslizenzen gern als Office 2019 und verschweigen dann, dass ihr toller Preis für Office 365 gilt und damit jährlich zu bezahlen ist.

Also: dieses Heft gilt ausschließlich für Office 2019 und falls Sie diese Version haben, lesen Sie das auf jeden Programmstartfenster. Und falls dort steht, dass Sie Office 365 erworben haben, verweise ich hiermit auf mein Heft zu diesem Thema ☺.

Es geht hier nicht darum, das gesamte Office-Paket zu erklären – dafür gibt es dicke Schmöker. Dieses Heft behandelt es ausschließlich die Unterschiede zu den vorigen Versionen und erklärt, was man damit Neues machen kann. Damit Sie vielleicht auch schon vor dem Kauf wissen, ob sich die neue Version für Sie lohnt.

1 Allgemein

Im Gegensatz zu Office365 sehen Office-2019-Oberflächen alle gleich aus. Jedenfalls so lange, bis der Nutzer vielleicht das Farbschema ändert. Sie ähnelt stark Office 2016, deshalb kann es gut sein, dass der Unterschied anfänglich kaum bemerkt wird.

In der Tat sind die Neuerungen gegenüber Office 2016 oberflächlich betrachtet nicht weltbewegend, einzelne Details sind aber wirklich interessant und erschließen sich manchmal erst auf den zweiten Blick. Und da die meisten Nutzer sicherlich von einer früheren Version umsteigen, werde ich gelegentlich auch noch Funktionen streifen die nicht ganz neu sind, aber noch nicht so bekannt, wie sie es vielleicht verdient haben.

Fangen wir an mit einem Verlust: OneNote ist nicht mehr Teil des Office-Pakets. Verzichten müssen wir trotzdem nicht darauf, denn es wurde nahezu funktionsgleich in Windows 10 integriert und steht dort auch ohne Erwerb des Office-Pakets zur Verfügung. Insofern kann ich mein Heft „Das digitale Notizbuch“ weiterhin empfehlen ☺.

1.1 Optische Neuheiten

Seit einigen Versionen hat sich die Philosophie der Oberflächengestaltung der Office-Anwendungen nicht mehr wesentlich geändert - wohl aber die Übersichtlichkeit. Nach wie vor kann man sich die Bedienelemente vorstellen als auf Registerkarten angeordnet. Sofern Sie von den neueren Office-Versionen umsteigen, wird Ihnen vieles vertraut erscheinen.

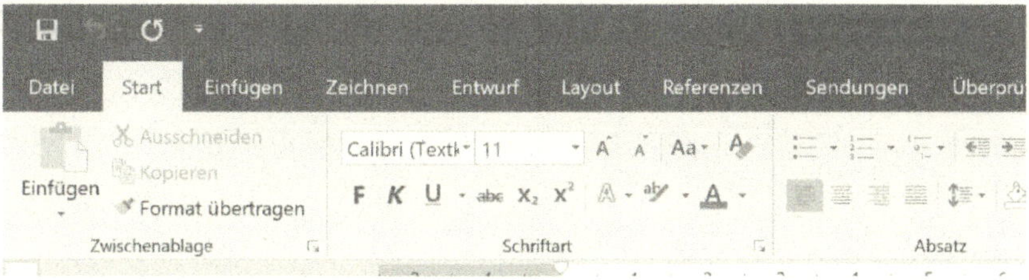

Die Registerkarte **Start** liegt hier „oben auf dem Stapel“, alle anderen dahinter. Beachten Sie hier übrigens auch das nostalgische **Speichern**-Symbol. Man muss schon recht lange mit dem Computer arbeiten, um es als Diskette zu erkennen und sich daran zu erinnern, dass es derlei Speichermedien einmal wirklich gab.

Beim Herumklicken werden Ihnen manchmal die Registerkarten plötzlich verborgen. Ein Doppelklick auf einen beliebigen Menütitel bringt sie aber wieder zurück.

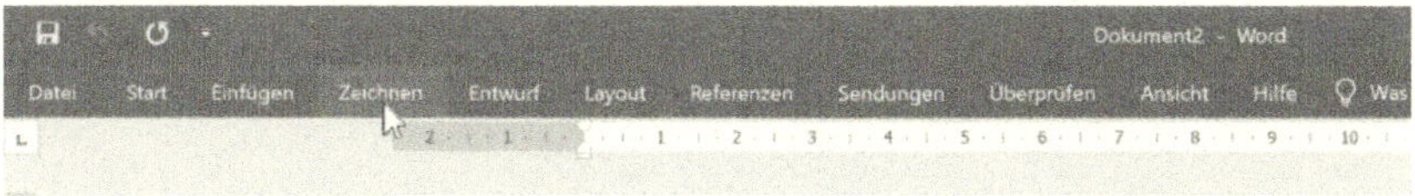

Aber zurück zu den Registerkarten. Die gängigen und altgedienten Funktionen werden Sie hier sicherlich wiederfinden. Aber auch mehr als 10 Jahre nach ihrer Einführung hat noch nicht jeder das Konzept der kontextsensitiven Registerkarten erkannt und verinnerlicht. Diese Registerkarten werden überhaupt nur mit ihren korrespondierenden Elementen angezeigt, z.B. also mit Bildern. Nur dadurch, dass man ein Bild bereits verwendet und diese auch angeklickt ist, wird einem die Bildtools-Registerkarte auch angezeigt.

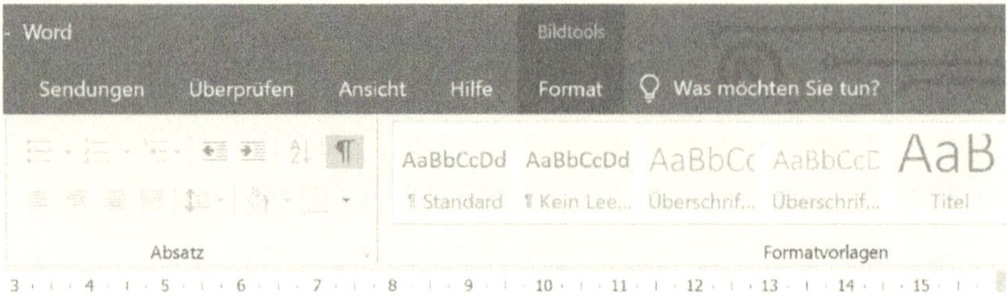

Dass sie aber gerade nicht aktiv ist und bei Bedarf durch Klick auf das unter **Bildtools** angezeigte **Format** erst nach vorne geholt werden muss, kann aus der Oberfläche kaum noch erschlossen werden. Man muss sich einfach daran gewöhnen gut hinzuschauen, dann funktioniert die Sache auch.

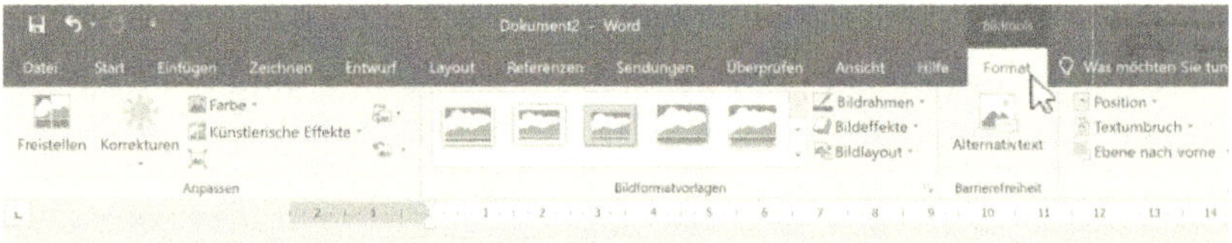

1.2 Freigaben für andere Nutzer

Bei den normalen Schreibrechten hat sich in Office 2019 ein Detail geändert, das bei der Zusammenarbeit zwischen Unternehmen möglicherweise zu Verwirrung führt. Office 2019 verbindet sich **NICHT** mit OneDrive for Business, nur mit dem meist kostenlos genutzten OneDrive Personal. Das ist offenbar eine politisch getroffene Entscheidung, denn Microsoft wünscht sich, dass eines Tages alle Nutzer umziehen zu Office-Versionen, die auf Microsoft-Servern laufen. Daher funktioniert das Freigeben-Link auf der Nutzeroberfläche eben nur für Netzlaufwerke und OneDrive Personal, nicht für sonstige Speicherorte. Ebenso können Nutzer von Office

2019 auch nicht von anderen Unternehmen eingeladen werden, mit ihnen zusammen auf deren OneDrive zu arbeiten. Das ist ungewohnt, denn alle anderen ansatzweise aktuellen Office-Versionen verbinden sich damit ganz selbstverständlich.

Freigaben auf dem privaten OneDrive kann man z.B. über die Schaltfläche rechts oben im Menüband vornehmen.

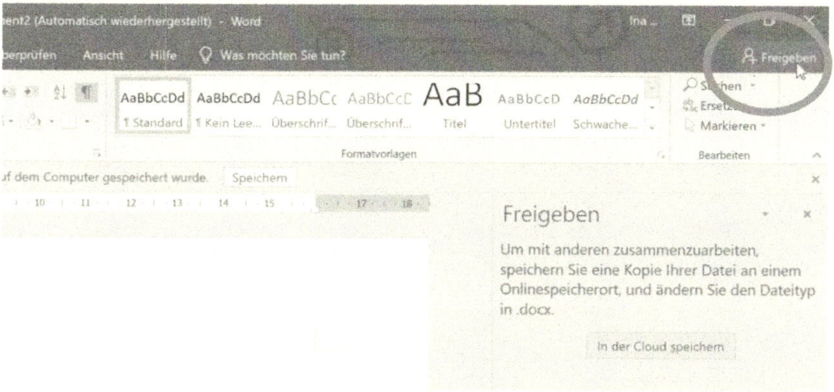

Danach ist dann ein Login auf das OneDrive gefragt, nach dem man dann dort seine Dateien beliebig teilen kann. Für Privatzwecke kann man hier sicherlich frei entscheiden. Unternehmen müssen sich jedoch klar darüber sein, dass sie damit Firmendaten außerhalb des Unternehmens, möglicherweise sogar außerhalb der EU speichern. Bis zur schriftlichen Erlaubnis aller Entscheidungsträger ist für dienstliche Zwecke daher dringend von einem solchen Verfahren abzuraten.

Nach dem ersten Speichern auf dem OneDrive wird die Freigabe möglicherweise noch nicht gleich reibungslos funktionieren. In dem Fall schließen Sie das Dokument, warten vielleicht einen Moment, bis es wirklich hochgeladen ist, und öffnen es dann erneut. Mit Klick auf **Freigeben** erhalten Sie dann den Freigabebereich, in dem Sie entscheiden können, ob Sie anderen nur Lesezugriff oder auch Bearbeitungsrechte einräumen möchten.

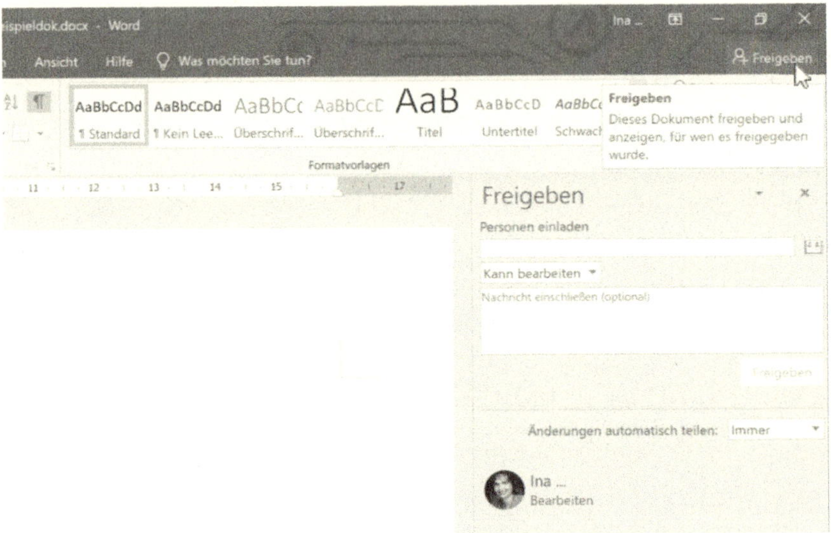

Nach dem Eintragen einer E-Mail-Adresse und dem Klick auf **Freigeben** wird eine automatische E-Mail versandt und parallel dazu die Freigabe für den Nutzer eingerichtet. Das heißt, ein Klick auf das Link in der Mail wird dem Nutzer zweifellos helfen, tatsächlich ist das nicht nötig, wenn er selbst über ein OneDrive verfügt. Dann wird ihm dort die Datei schon unter **Geteilt** angezeigt.

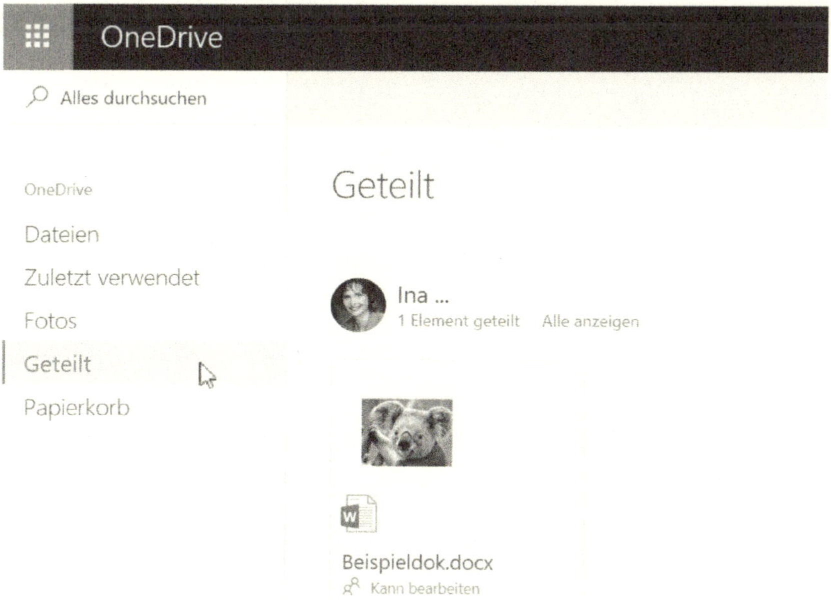

Das OneDrive erlaubt dem Gegenüber die Bearbeitung im Browser, wenn auch mit reduziertem Funktionsumfang. Alternativ kann auch in der lokalen Word-Installation gearbeitet werden, die dann über den Speicherort auf der eigenen Festplatte auf das OneDrive synchronisiert.

Der Ersteller bleibt natürlich jederzeit Herr der Lage. Um später noch zu sehen, wem welche Rechte eingeräumt wurden, hilft wieder ein Klick auf die **Freigeben**-Schaltfläche. Jetzt werden sämtliche Freigaben und weitere nützliche Möglichkeiten angezeigt. Halten Sie dazu die Maus über den jeweiligen Eintrag und klicken Sie die drei Punkte bei der Personeninformation. Man sieht die Punkte erst, wenn man sich mit der Maus auf sie zu bewegt.

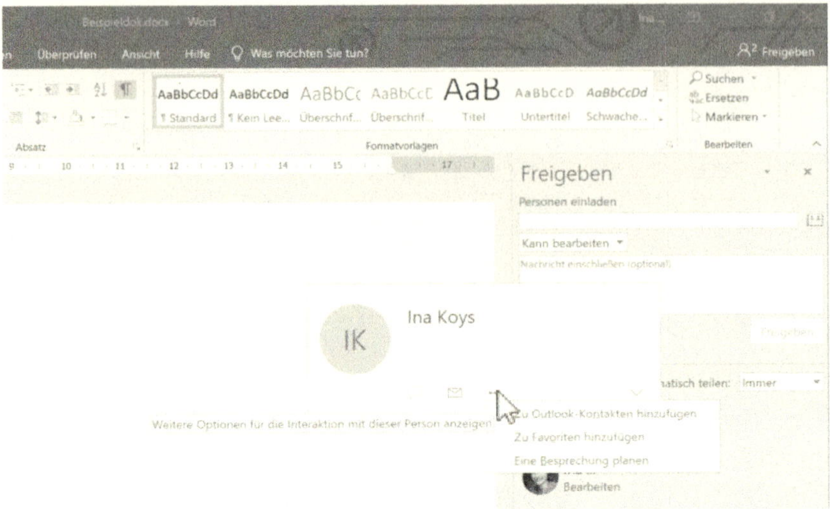

Das Zusammenspiel mit Outlook kann Ihnen hier womöglich die Arbeit deutlich effizienter gestalten.

Ein Rechtsklick auf den Eintrag kann dann die Bearbeitungsrechte auch wieder ändern.

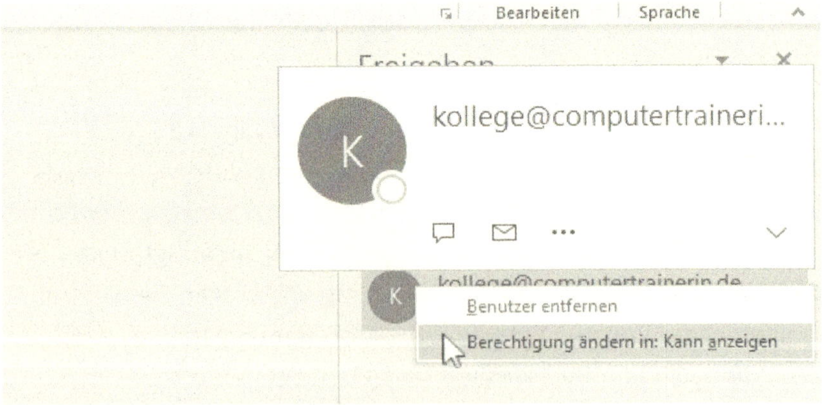

Auch hier werden die Rechte auf dem OneDrive sofort durchgestellt. Beachtenswert ist bei der Arbeit auch in diesem für einfache Zwecke gedachten Cloudspeicher, dass eine zeitgleiche Bearbeitung durch mehrere Nutzer möglich ist. Es wird auch angezeigt, ob die Leute ihre Rechte tatsächlich gerade wahrnehmen.

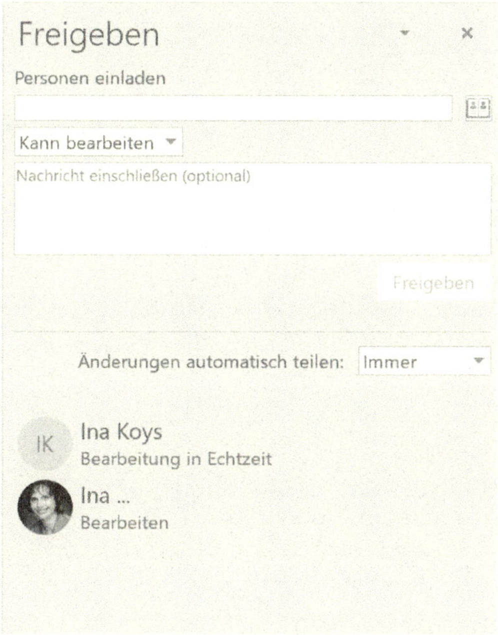

Falls Sie übrigens Ihre Mail mit der Freigabenachricht etwas persönlicher gestalten möchten, gibt es unten im Freigabebereich auch noch das Freigabelink abzurufen.

Sie sollten sich aber dann im Klaren darüber sein, dass so ein Freigabelink auch weitergeleitet werden kann. Und jeder, der das Link hat, bekommt Zugang zu Ihrem Dokument.

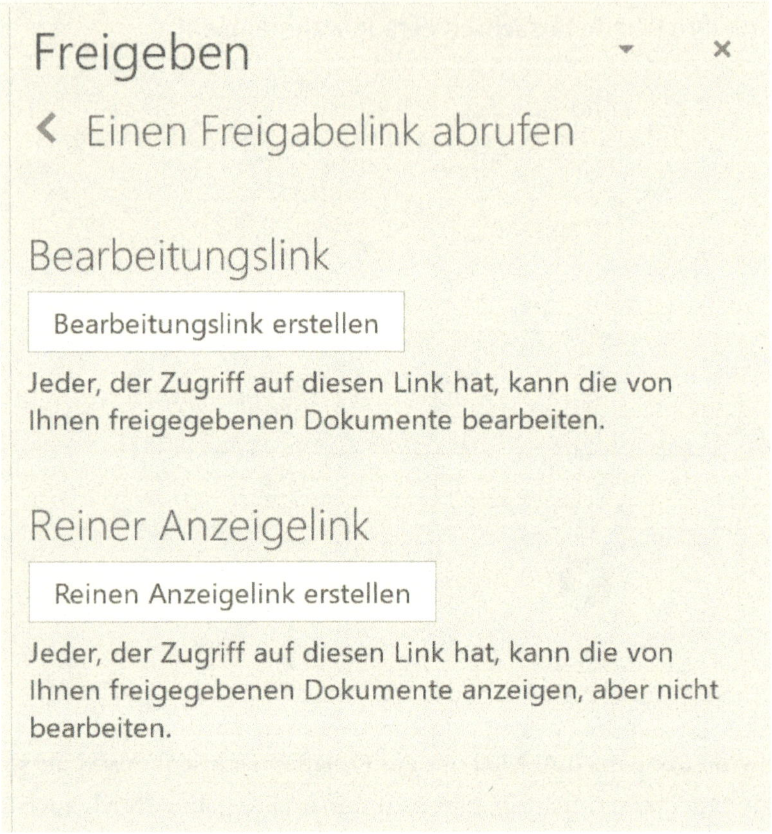

1.3 Hilfe und Unterstützung

Übergreifend über das gesamte Office-Paket gibt es deutliche Verbesserungen an der Unterstützung des Nutzers beim Finden von Lösungen bei der Arbeit mit dem Programm.

Da ist zum Beispiel eine seit Office 2016 vorliegende Funktion, die Ihnen möglicherweise sofort weiterhelfen kann – die Schaltfläche **Was möchten Sie tun?**.

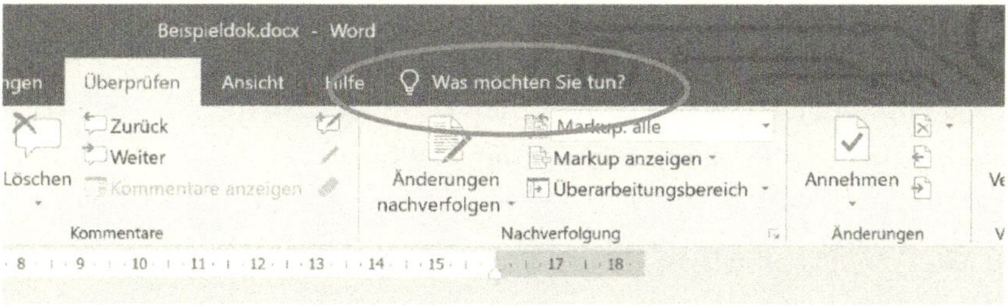

Diese Schaltfläche – eigentlich ist es ein Eingabefenster – ist wohl das Resultat einer gewissen Frustration bei Microsoft. Wahrscheinlich ist auch dort bemerkt worden, dass die Nutzer bei Informationsbedarf zu Microsoft-Anwendungen lieber Google fragen als die Microsoft-Hilfe. Die clevere Antwort auf dieses ehrenrührige Dilemma war es, dem Nutzer nicht einfach eine mehr oder weniger gute Erklärung anzubieten. Man kann ihm auch gleich die entsprechende Funktion präsentieren. Das mag nicht immer zum gewünschten Ergebnis führen und manchmal interessante Angebote zutage fördern, es geht in jedem Fall schnell und ist allemal einen Versuch wert. Es genügt, den Anfang eines Begriffs zu schreiben, um Vorschläge dazu angeboten zu bekommen.

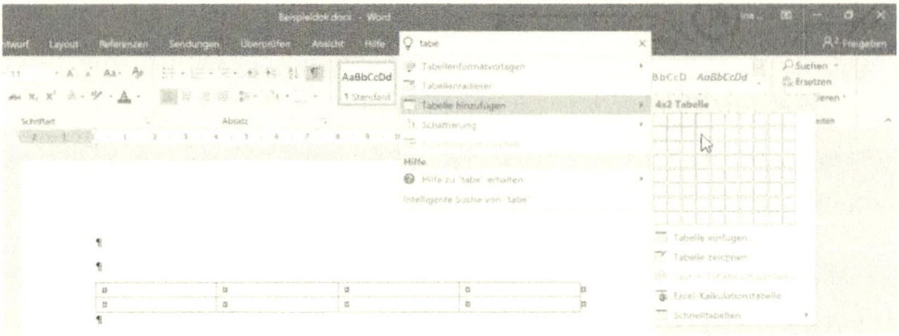

Hier würde also gleich eine Tabelle mit 4 Spalten und zwei Zeilen in das Dokument eingefügt werden.

Falls einmal nicht so klar ist was man kann oder sollte, gibt es jetzt auch eine neue Registerkarte namens **Hilfe**.

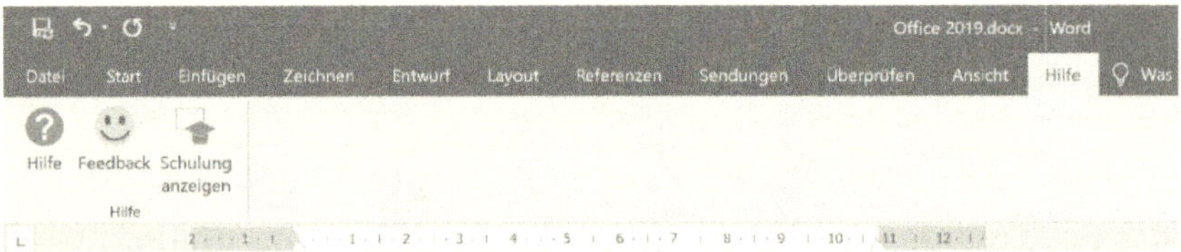

Die Feedback-Funktion sehen wir uns im Backstage-Bereich an. Die Hilfe wurde aber komplett überarbeitet und lohnt sicher die Durchsicht der gewünschten Elemente.

Alternativ können Sie auch eine Schulung auswählen und bekommen dort teils auch Videos angeboten, die vielleicht manches besser erklären.

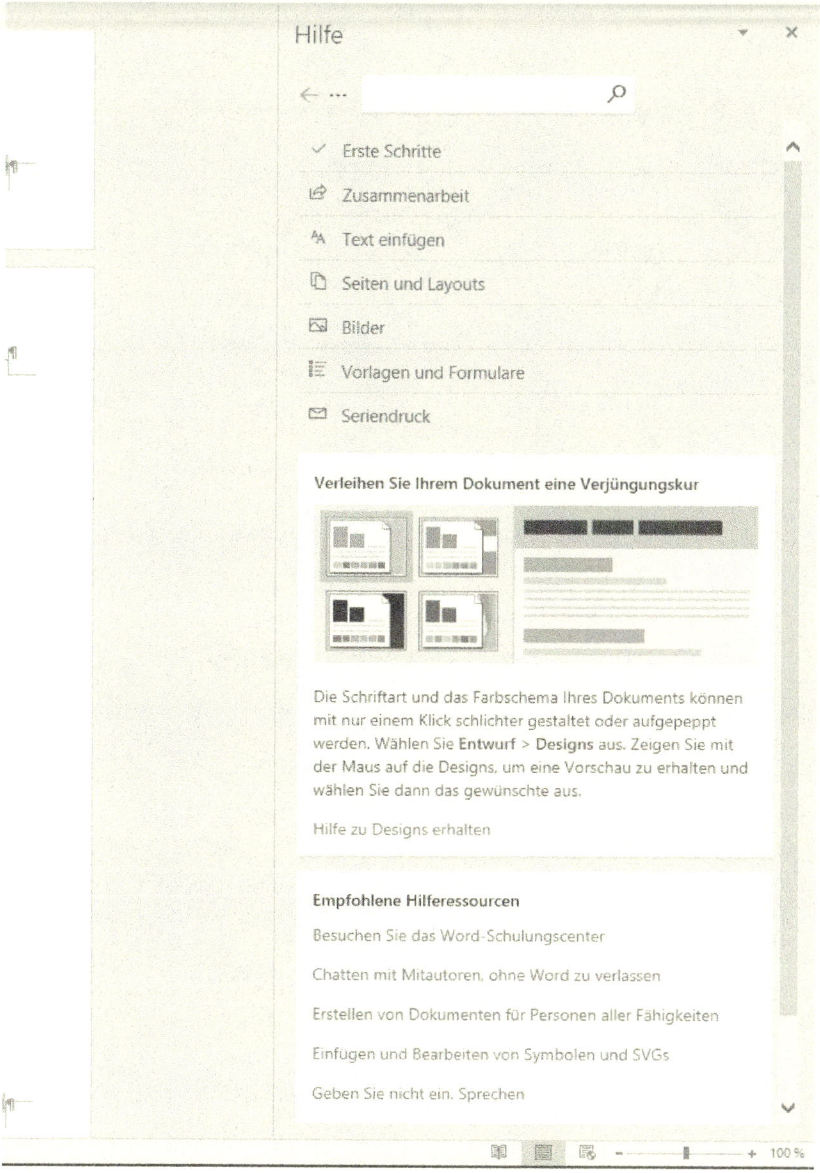
Hilfe
Erste Schritte
Zusammenarbeit
Text einfügen
Seiten und Layouts
Bilder
Vorlagen und Formulare
Seriendruck
Verleihen Sie Ihrem Dokument eine Verjüngungskur
Die Schriftart und das Farbschema Ihres Dokuments können mit nur einem Klick schlichter gestaltet oder aufgepeppt werden. Wählen Sie Entwurf > Designs aus. Zeigen Sie mit der Maus auf die Designs, um eine Vorschau zu erhalten und wählen Sie dann das gewünschte aus.
Hilfe zu Designs erhalten
Empfohlene Hilferessourcen
Besuchen Sie das Word-Schulungscenter
Chatten mit Mitautoren, ohne Word zu verlassen
Erstellen von Dokumenten für Personen aller Fähigkeiten
Einfügen und Bearbeiten von Symbolen und SVGs
Geben Sie nicht ein. Sprechen
100 %

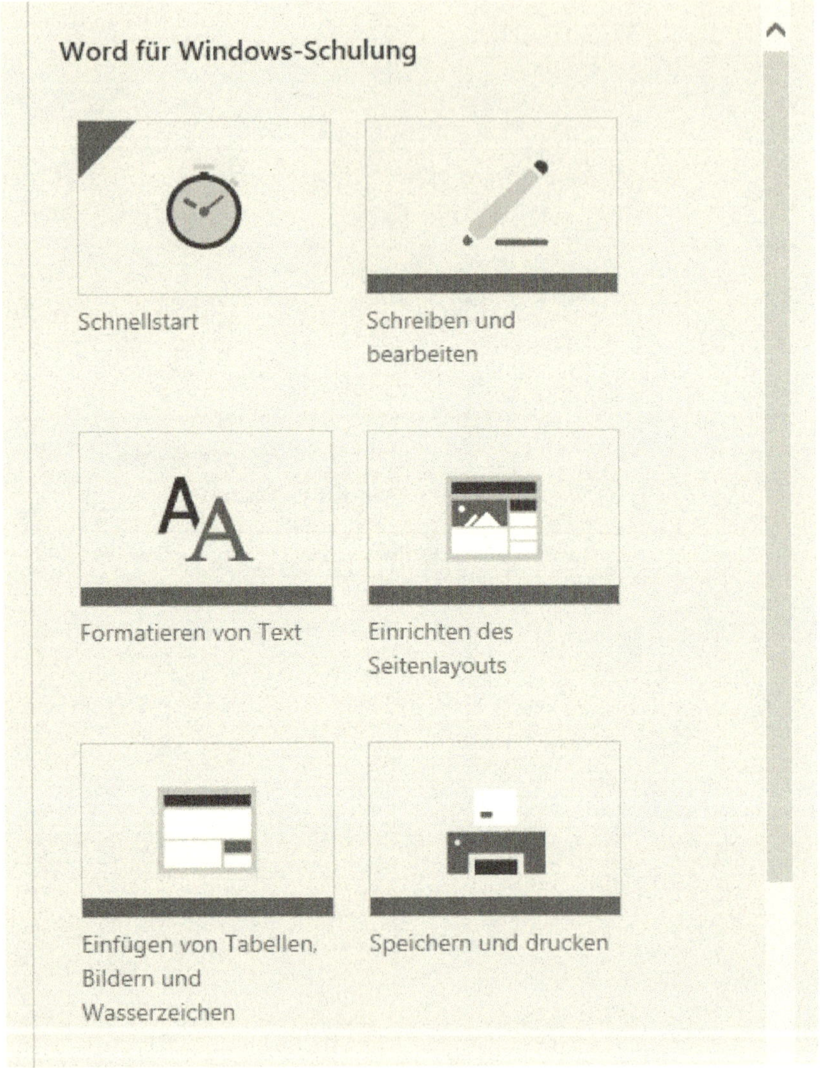
Word für Windows-Schulung
Schnellstart
Schreiben und bearbeiten
Formatieren von Text
Einrichten des Seitenlayouts
Einfügen von Tabellen, Bildern und Wasserzeichen
Speichern und drucken

1.4 Neuzugänge in der Einfügen-Registerkarte

Die Registerkarte ist großenteils geblieben wie sie war, einige schöne Verbesserungen gibt es aber im Bereich **Illustrationen**.

Abgesehen von der optischen Veränderung der Online-Bildersuche gibt es jetzt auch **Piktogramme**.

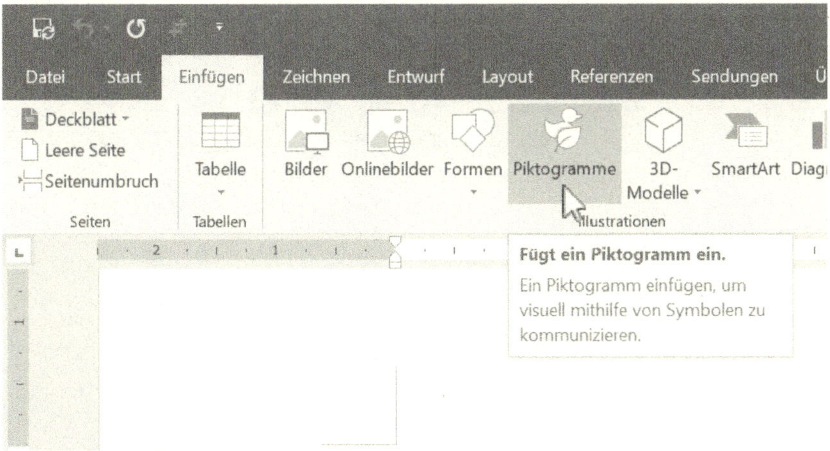

Diese Piktogramme sind gerade für betriebliche Zwecke eine bedeutende Professionalisierung und werden hoffentlich in Zukunft noch weiter gepflegt.

Technisch gesprochen handelt es sie hierbei um *.svg-Dateien, die plattformübergreifend und ohne Qualitätsverlust unbegrenzt skalierbar sind. Sofern Sie eigene *.svg-Grafiken verwenden wollen, können diese jetzt auch über ***Einfügen / Bilder*** eingebunden werden.

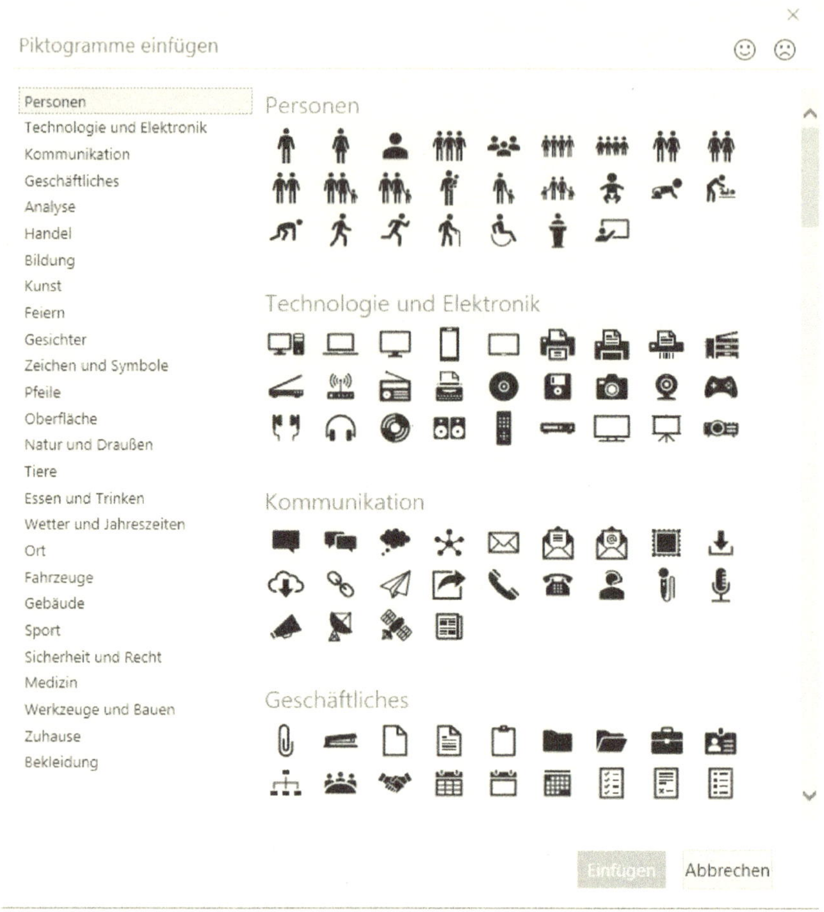

Richtig spannend ist jetzt aber eine Funktion, die momentan vielleicht weniger für das Geschäftsumfeld geeignet ist als für eher kreative Umgebungen wie Schule und Studium: die **3D-Modelle**.

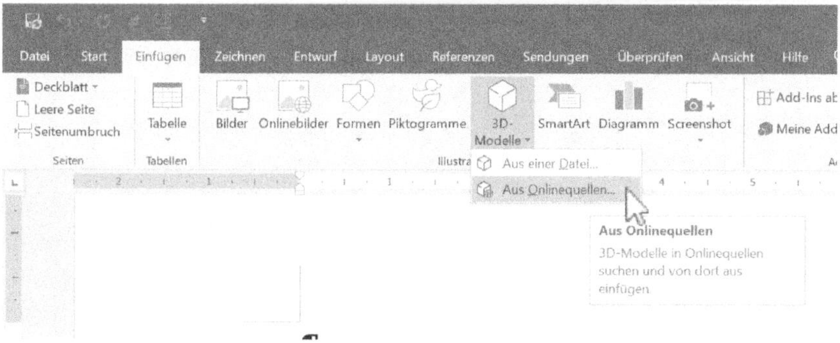

Online sind bereits zahlreiche Beispiele zum freien Download vorhanden. An ihnen lässt sich gut austesten, wie man die entsprechenden Objekte wirklich in alle gewünschten Richtungen drehen kann. Einige der Online-Modelle sind sogar bewegt.

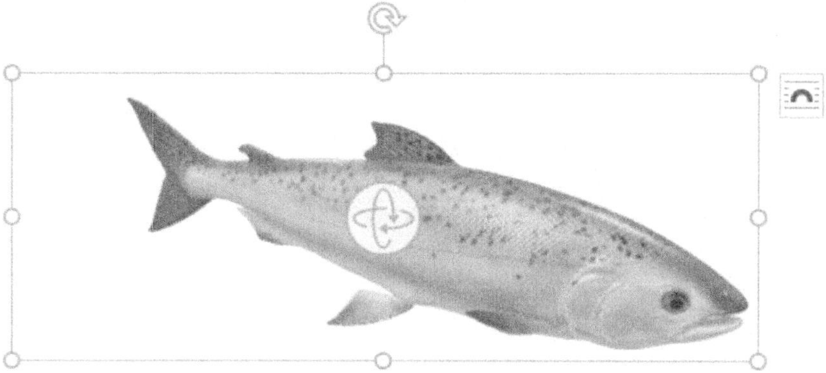

In Standard-Installationen gibt es ca. in der Mitte noch den Bereich **Add-Ins**.

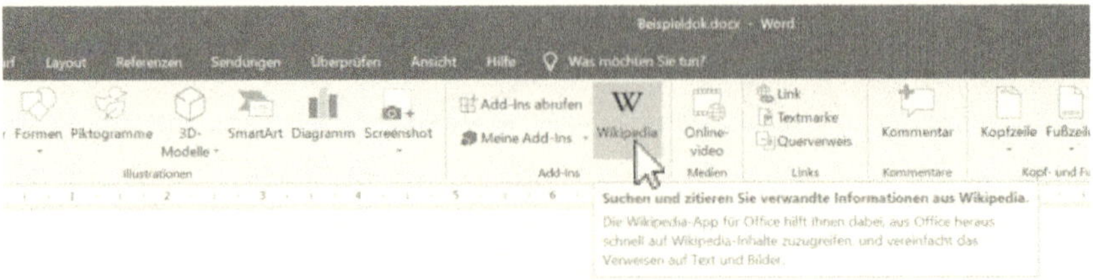

Add-Ins sind Programmschnipsel meist externer Anbieter, die den Funktionsumfang einer Anwendung erweitern. Ein Nachschlagen bei Wikipedia wird noch entspannt möglich sein, aber bei vielen anderen, die Sie aus dem Microsoft Store herunterladen können, sollten Sie sich darüber im Klaren sein, dass Sie den Datenströmen dritter und meist unbekannter Unternehmen Tür und Tor öffnen. Ob Sie das für sich privat wollen können Sie selbst entscheiden. In Unternehmen wird eine solche Installation zumindest unerwünscht sein, wahrscheinlich aber seitens der Administration komplett ausgeschlossen. Und das zu Recht. Wir gehen deshalb hier nicht näher auf diesen Abschnitt ein.

1.5 Registerkarte Zeichnen

Für die Nutzer eines Computers mit Touchscreen gibt es dann noch ein nettes Extra: die überarbeitete Registerkarte **Zeichnen**.

In dieser Registerkarte kann sowohl mit dem Finger auf dem Bildschirm, als auch deutlich eleganter mit geeigneten Stiften wie z.B. dem Surface Pen geschrieben oder gezeichnet werden. Hierbei gibt es die Auswahl zwischen verschiedenen Stiften (bzw. Stifteigenschaften), wobei z.B. der einfache Stift auch mit sehr auffälligen Farben wie z.B. Goldflitter oder einem Sternenhimmel ausgestattet werden kann. Sofern frei gezeichnete Striche wieder entfernt werden sollen, hilft dazu der Radiergummi und ggf. beherztes Durchstreichen der nicht mehr erwünschten Striche.

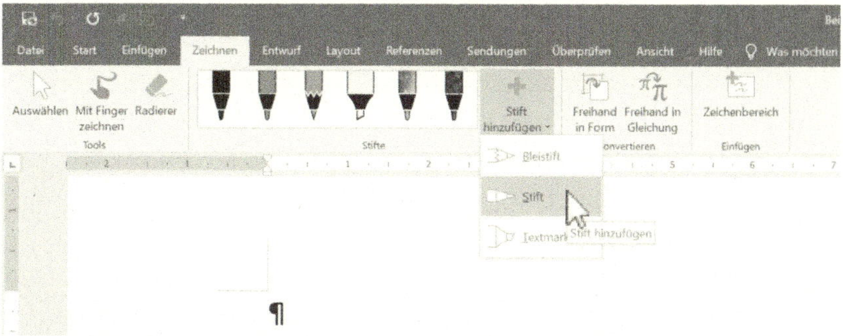

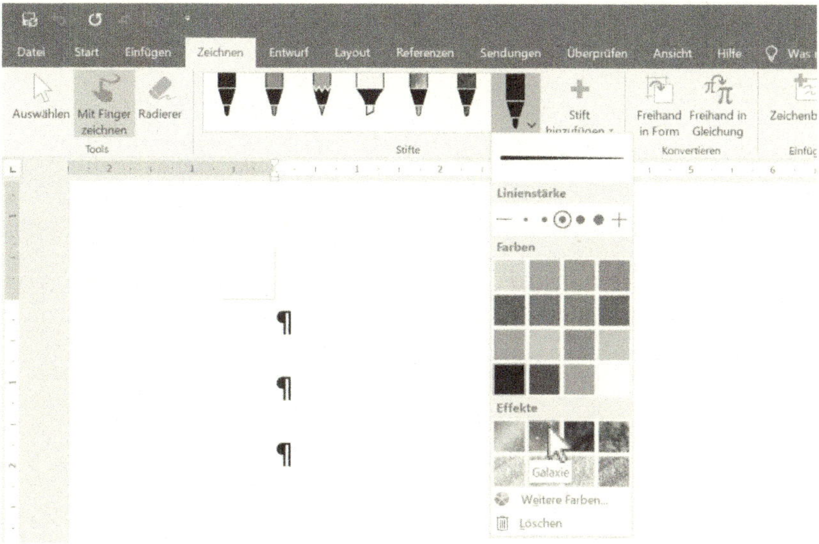

Bei der Erstellung von planähnlichen Zeichnungen könnte es sehr interessant sein, die Funktion **Freihand in Form** zu aktivieren. Hierbei werden aus den mehr oder weniger ordentlichen Handskizzen geometrische Formen erkannt und mit einer Art Autokorrektur versehen, dass sie danach in der vermutlich gemeinten Form angezeigt werden.

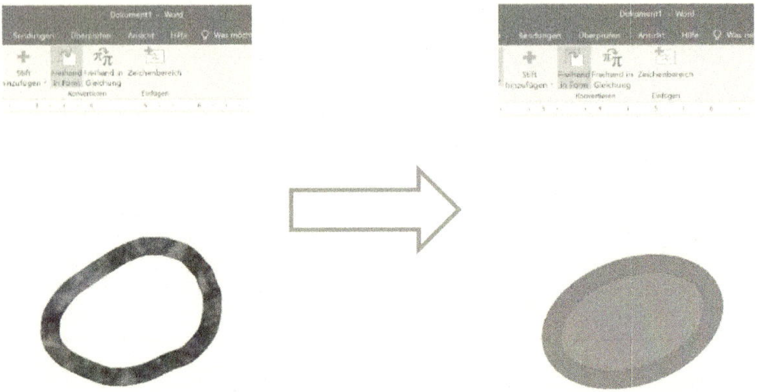

Für schulische oder wissenschaftliche Zwecke sicher deutlich praktischer als das mühselige Eintippen mathematischer Formeln ist die Möglichkeit, sie mit dem Stift einfach auf die Oberfläche zu schreiben, sie kann über **Freihand in Gleichung** dann weiterverarbeitet werden wie andere Formeln auch.

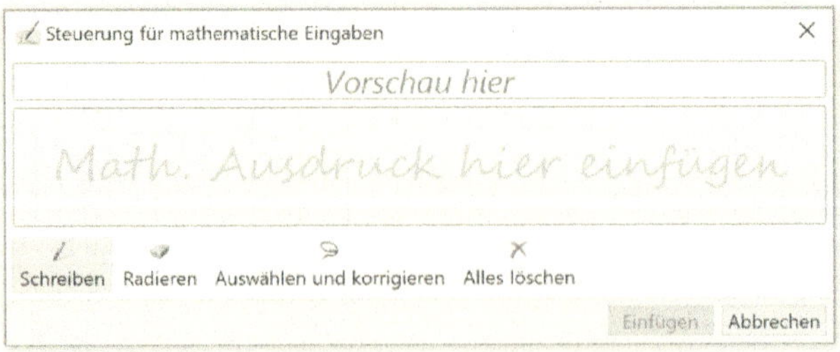

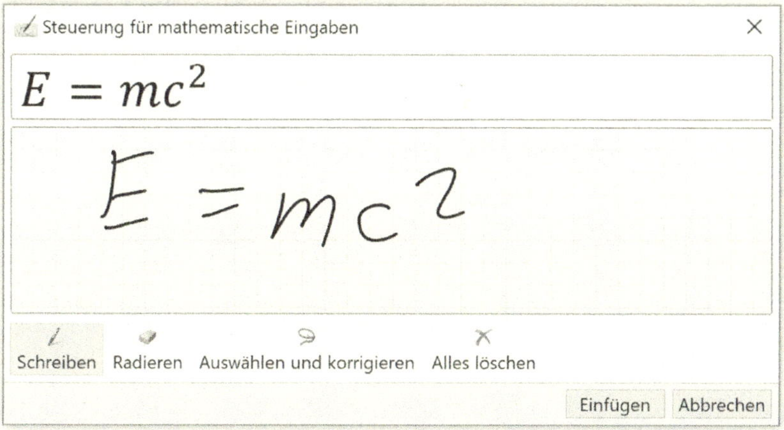

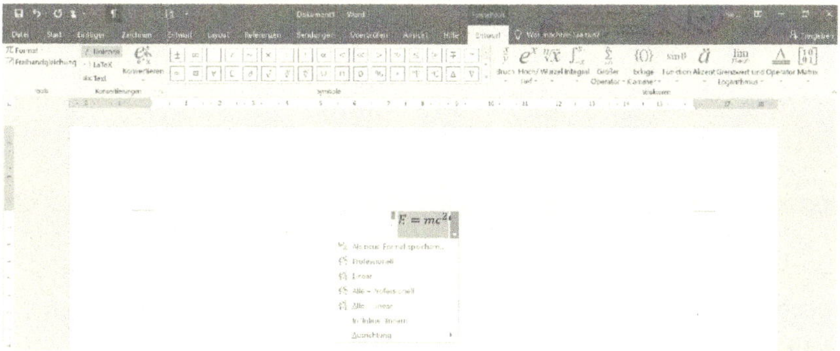

Ausschließlich in PowerPoint gibt es dann noch die Möglichkeit, sich ein Führungslineal zum Zeichnen einblenden zu lassen.

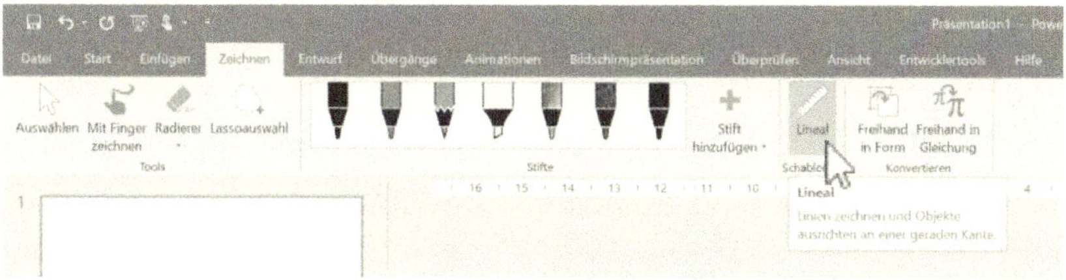

Es wird daraufhin quer über die Folie eingeblendet und kann mit zwei Fingern auf dem Bildschirm auf beliebige Winkel gedreht werden. Ein Finger verschiebt es jeweils parallel.

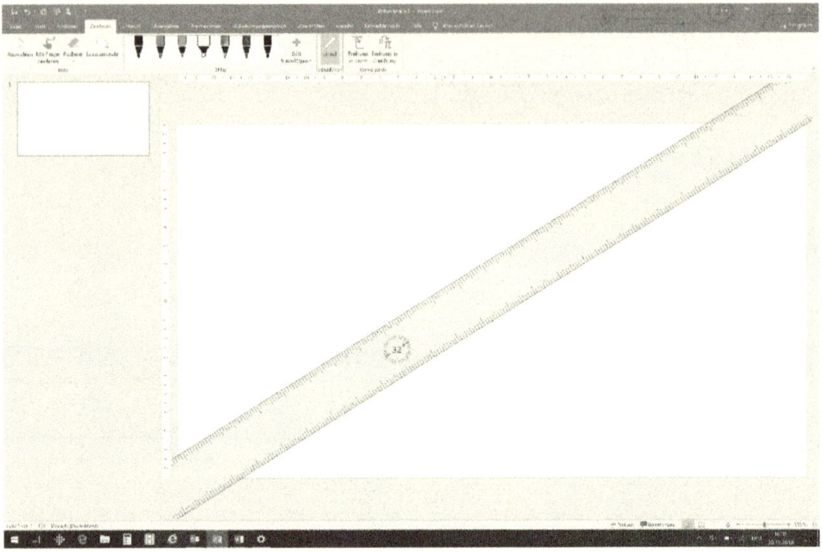

Gedacht ist das Lineal dafür, dass man mit seiner Hilfe gerade und ordentliche Striche mit den Stiften bzw. gern auch dem Finger ziehen kann.

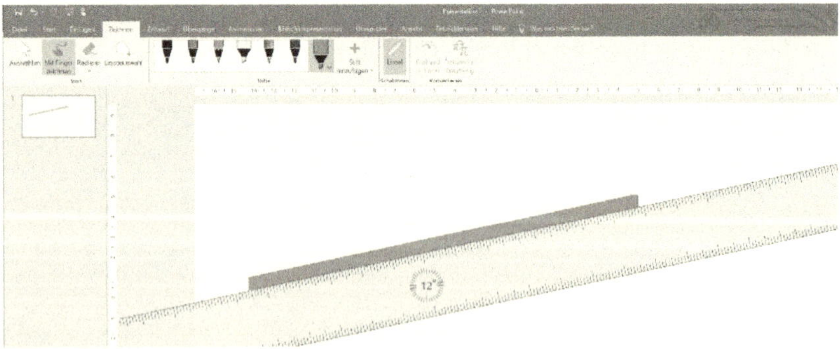

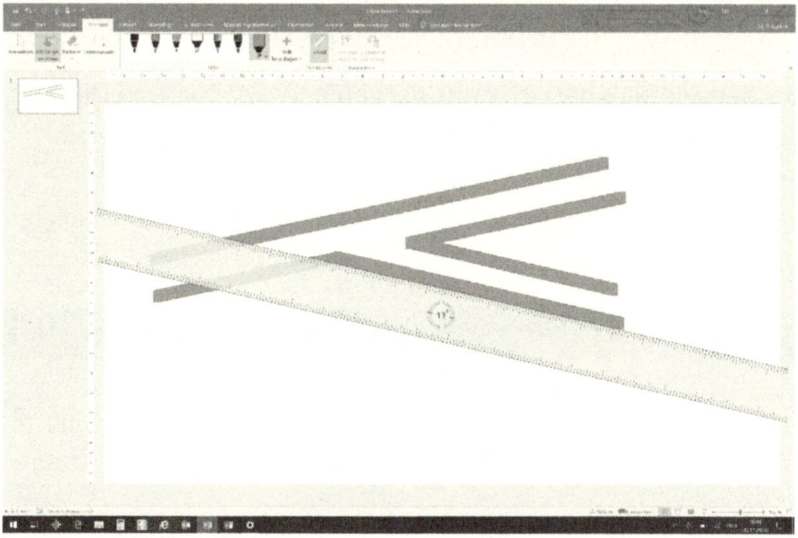

Und am Ende kann man das Lineal selbstverständlich auch wieder ausblenden und hat dann eine saubere Zeichnung.

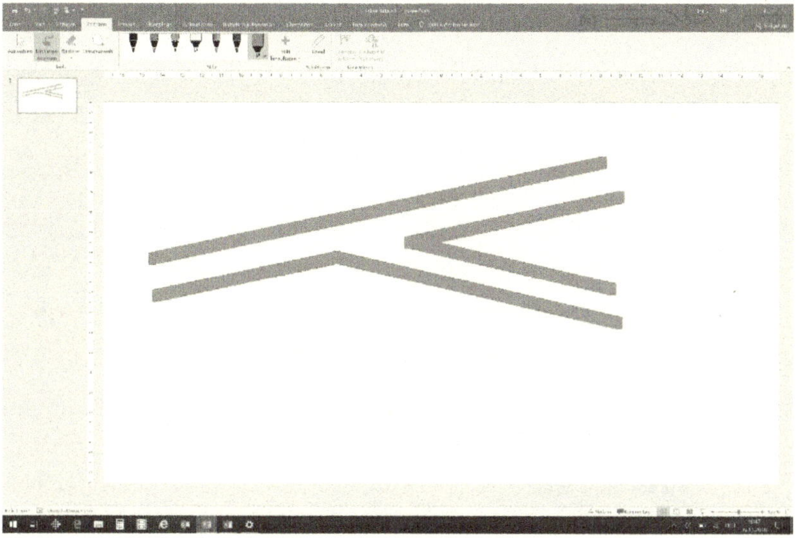

1.6 Bildtools-Registerkarte

Bei den Bildtools hat sich nicht viel getan. Wo der barrierefreie Zugang zu Dokumenten wichtig ist, gibt es dort jetzt auch einen vereinfachten Zugang zum Alternativtext. Alternativtexte verbessern die Lesbarkeit von Dokumenten durch Sehgeschädigte und Screenreader und sind für diese Zielgruppe wichtig.

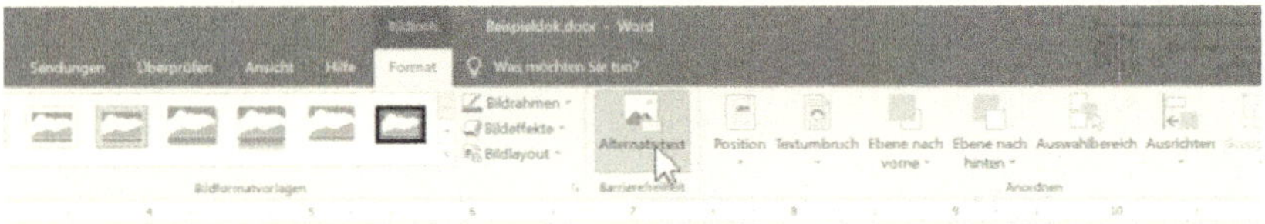

Unter dem **Freistellen**-Button wurde der innere Rahmen eingespart, so dass man das Objekt selbst markieren muss, während die **Zuschneiden**-Funktion jetzt auch außergewöhnliche Formen erlaubt.

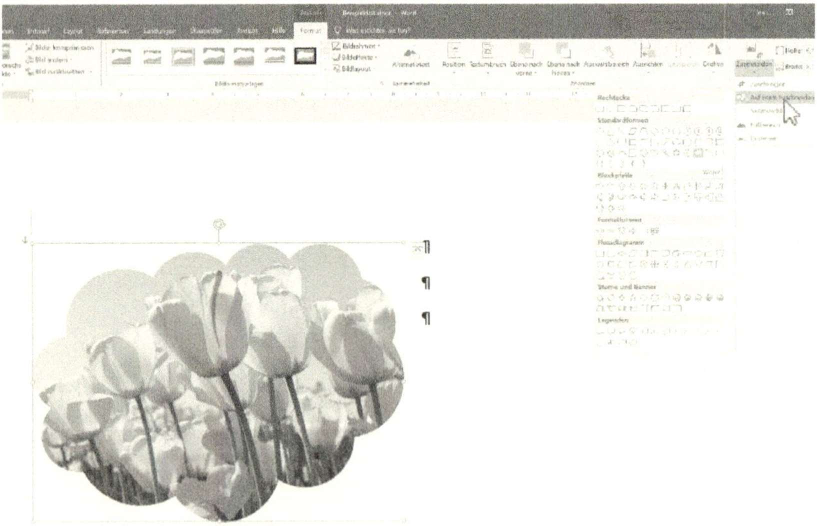

Außerdem kann das Bild noch auf verschiedene Größenverhältnisse gesetzt werden und unterschiedlich eingepasst, damit es an variable Platzverhältnisse angepasst werden kann.

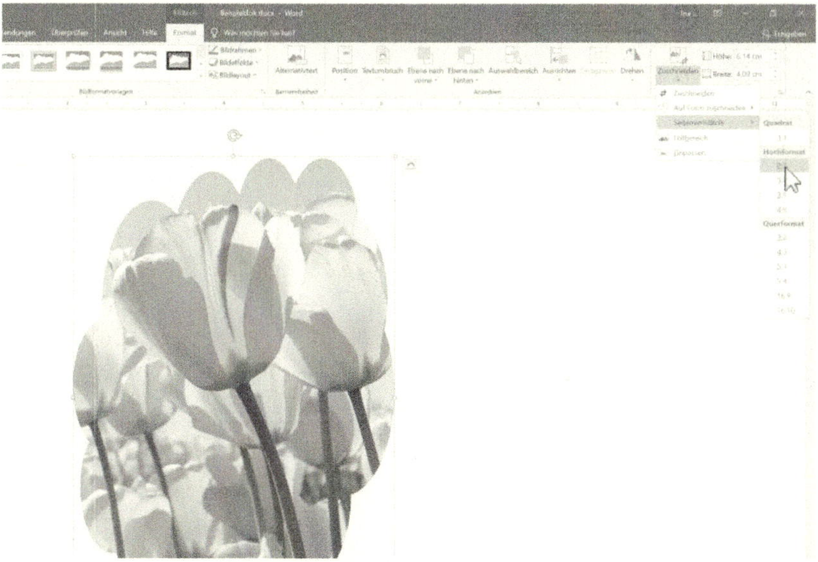

1.7 Backstage-Bereich

Eine ganz neue Möglichkeit ist jetzt auch die direkte Einladung seitens Microsoft, direkt seine Meinung zu übermitteln. Ob nun jeder einzelne Vorschlag sofort umgesetzt wird lassen wir einmal dahingestellt. Aber in der Tat kann eine Anwendung nur durch die Rückmeldungen der Anwender besser auf sie zugeschnitten werden. Versuchen Sie es also, wenn Sie Bedarf danach sehen. Sie finden die Möglichkeit dazu einerseits über das Feedback-Symbol in der Registerkarte **Hilfe**, als auch im Backstage-Bereich, also durch Klick auf den Reiter **Datei**.

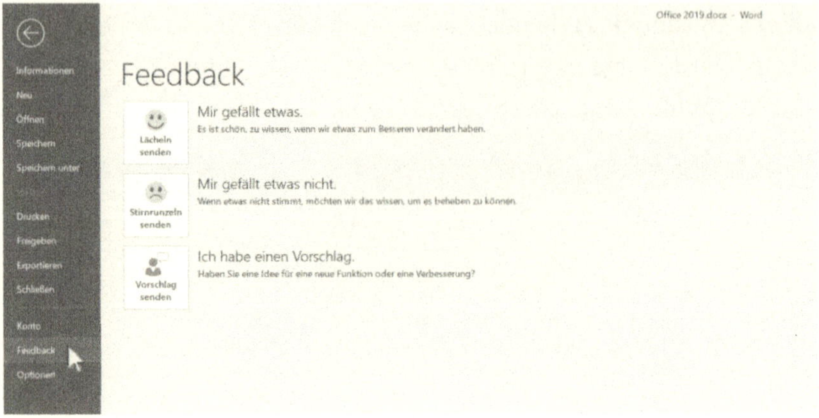

Ein Klick auf **Vorschlag senden** öffnet dann z.B. dieses Fenster:

Sie sollten dann wirklich erklären, was Sie sich vorstellen, nur so kann Ihr Gegenüber erkennen, worum es geht. Konkrete Tipps kann ich aber nicht geben, ich habe noch keine zündende Idee an Microsoft versendet. 😊

Ansonsten gibt es hier wenig Neues zu berichten. Die Optik ist im Wesentlichen gleich geblieben. Anzumerken vielleicht, dass beim Öffnen von Dateien die Ordner sehr unauffällig in einer separaten Registerkarte angezeigt werden.

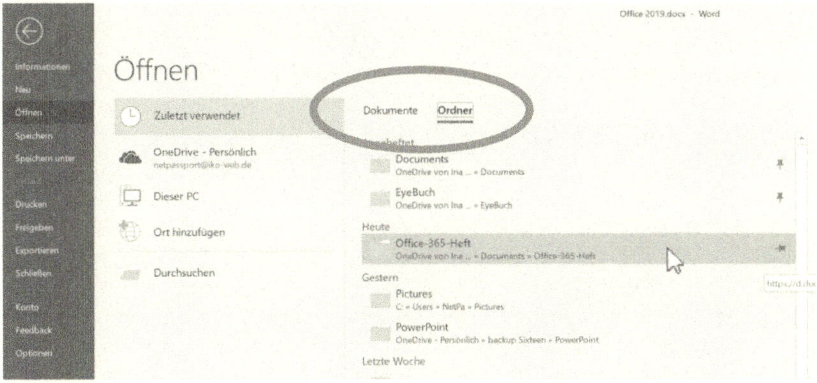

Aber nach wie vor kann man sich – und sollte auch! – die öfter verwendeten Ordner und Dateien mit dem Pinwandnadelsymbol griffbereit halten. Man muss nur die Maus auf den jeweiligen Eintrag halten, damit man das Symbol auch angeboten bekommt.

In den Optionen findet man die vertrauten Einträge, ergänzt durch ein paar neue. So kann man z.B. erwägen, Microsoft die eigenen Eingaben mitlesen zu lassen, um ggf. Verbesserungsvorschläge zu bekommen. Die Freunde von LinkedIn können dort angebotene

Zusatzdienste aktivieren – vorausgesetzt natürlich, sie sind dort Mitglied.

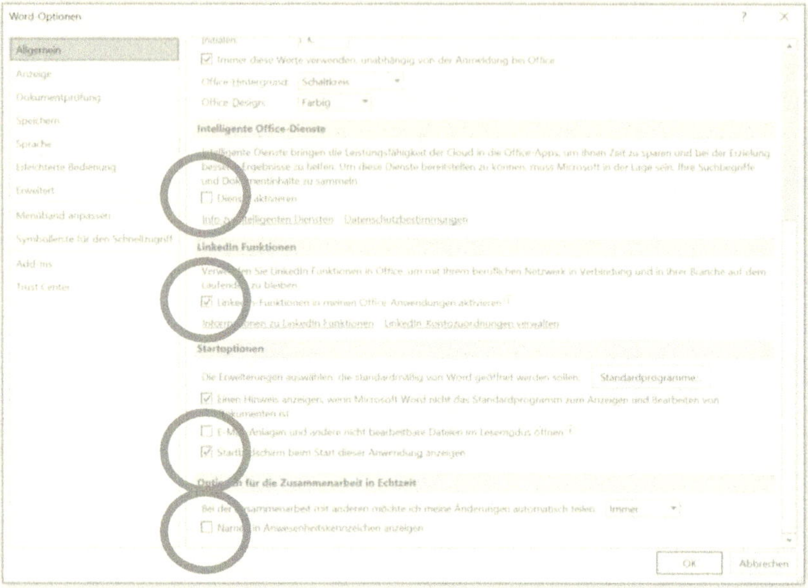

Der Startbildschirm sollte natürlich jedem Nutzer die häufig verwendeten Vorlagen anzeigen. Wo das nicht der Fall ist, kann man ihn auch abschalten. Ebenso kann man bei der Arbeit in der Cloud die auf dem Exchange-Server hinterlegten Anwesenheitsinformationen anzeigen lassen oder auch nicht.

Neu ist eine Funktion namens **Immer schreibgeschützt öffnen**.

Diese Funktion erzeugt aber auch nur ein Dialogfenster ähnlich der weithin ignorierten Funktion **Als abgeschlossen kennzeichnen**.

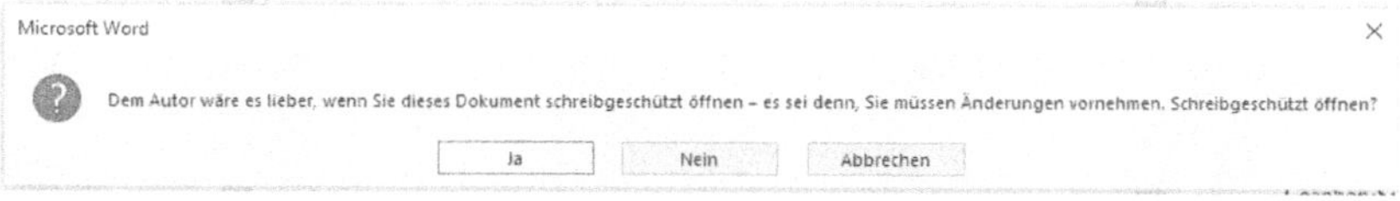

Es handelt sich hier mehr um eine soziale Unterstützung als um ein wirkliches Sicherheitsmerkmal. Dafür sind nach wie vor geeignete Speicherorte mit entsprechend verwaltetem Zugang die Methode der Wahl.

2 Word

Abgesehen von den allgemeinen und schon besprochenen Neuigkeiten und einer grafischen Überarbeitung gibt es wenig Neuerungen in Word. Zwei davon befinden sich in der Registerkarte **Überprüfen**.

Zu allererst zu erwähnen ist die Möglichkeit, sich jetzt Texte vorlesen zu lassen. Dazu markieren Sie sich zuerst den vorzulesenden Text und aktivieren dann die zugehörige Schaltfläche.

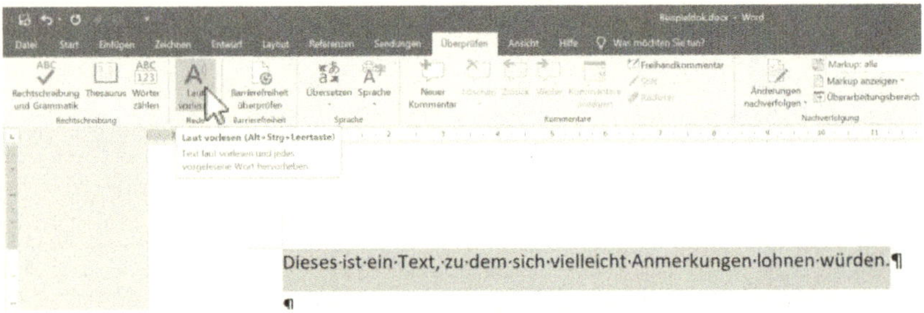

Es wird zunächst mit einer Standardstimme in normaler Geschwindigkeit vorgelesen. Das lässt sich jedoch mit einer unauffälligen Symbolleiste am rechten Rand anpassen.

Drei Stimmen stehen zur Auswahl, alle sind angenehm und natürlich.

Erwähnen ließe sich noch die Kommentarfunktion, die etwas ausgebaut wurde. Man kann jetzt Kommentare nicht nur erstellen und löschen, sondern auch darauf antworten und den Gesprächsfaden mit Klick auf **Auflösen** als beendet kennzeichnen.

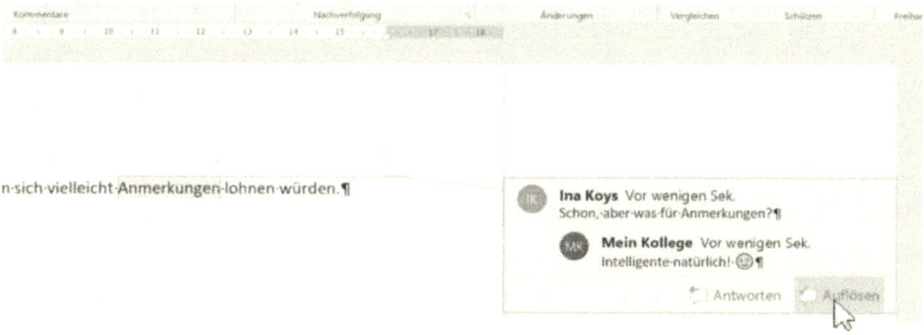

Eine kleine Änderung erscheint nur auf Neuinstallationen, nicht bei Aktualisierungen: die Standardoptionen für die Behandlung von Aufzählungen wurden jetzt geändert. Jetzt bleiben die vorherigen Formate erhalten und werden nur durch ein Aufzählungszeichen ergänzt. Über ***Datei / Optionen / Erweitert / Bearbeitungsoptionen / Formatvorlage gemäß Auswahl*** können Sie die bisherige Einstellung wieder herstellen.

3 Excel

Auch in Excel ist vieles noch vertraut. Eine nervige Standardeinstellung wurde ebenso beibehalten: eine neue, leere Arbeitsmappe wird ohne sichtbare Gitternetzlinien angeboten. Man kann sie sich über die Registerkarte **Ansicht** wieder einblenden.

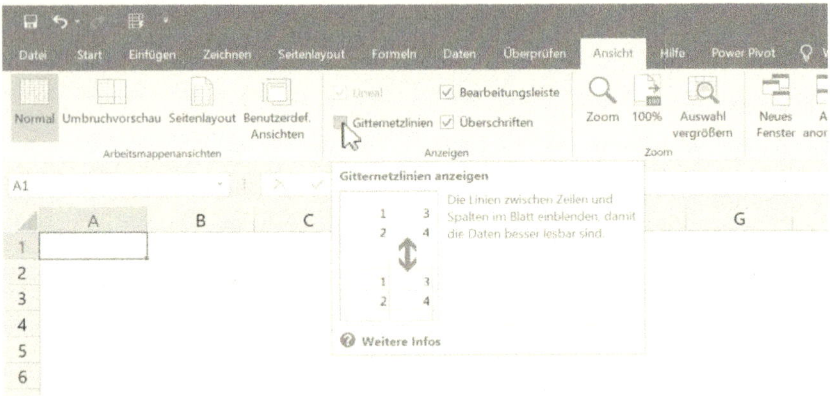

Weniger auffällig, aber manchmal sehr angenehm sind verschiedene Detailverschönerungen. Eine davon ist die neue Möglichkeit Teile eines markierten Bereichs wieder zu deselektieren –in Excel gab es das bisher nicht. Jetzt kann man bei bestehender Markierung eines Bereichs die **STRG**-Taste gedrückt halten und Zellen oder Bereiche wieder aus der Markierung entfernen.

Eine andere nicht gleich sichtbare Funktion ist die Eingabeunterstützung beim Schreiben von Funktionen. Bisher waren die Vorschläge rein alphabetisch aufgeführt. Man musste den exakten Namen der gewünschten Funktion kennen. Das wurde jetzt verbessert, so dass der Assistent auch diejenigen Funktionen anbietet, die vielleicht gerade gesucht werden.

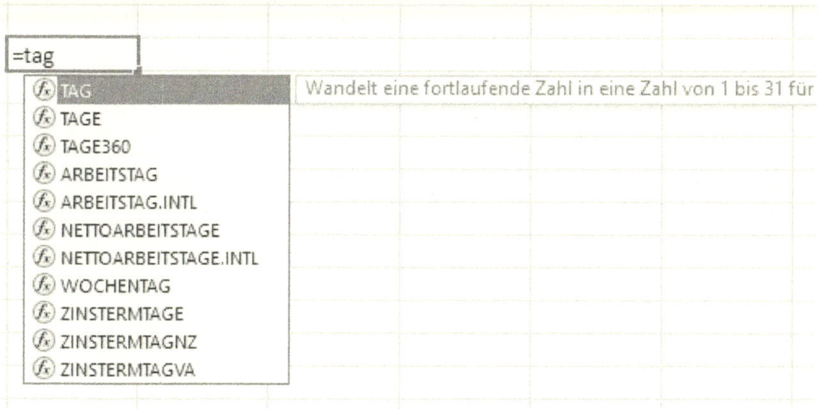

An dieser Stelle werden einem vielleicht dann auch schon die neuen Funktionen TEXTKETTE() und TEXTVERKETTEN() angeboten, die die bekannte Funktion VERKETTEN() verbessern. Wie üblich, werden im Funktionsassistenten (ganz links in der Registerkarte **Funktionen)** unter dem Link **Hilfe für diese Funktion** Erklärungen und Beispiele angeboten.

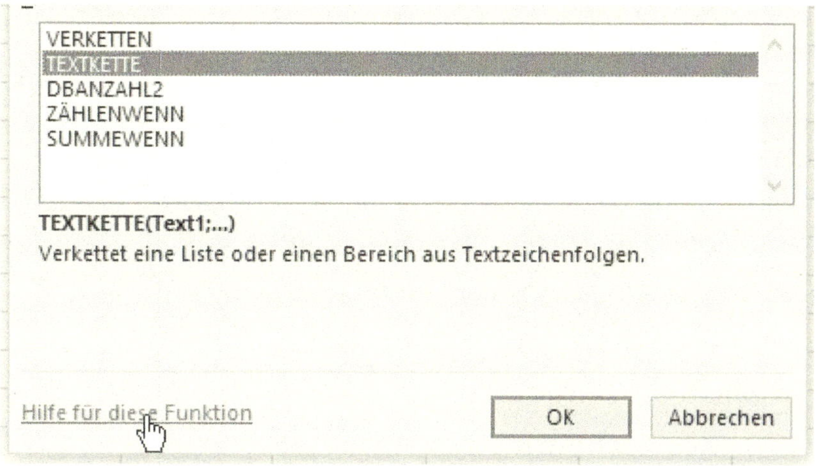

Wenn Daten gesucht werden, die bestimmten Bedingungen entsprechen, lohnt sich vielleicht auch ein Blick in die neuen Funktionen ERSTERWERT(), WENNS(), MAXWENNS() und MINWENNS(). Speziell ERSTERWERT() kann die Arbeit bei der Abfrage diverser Bedingungen deutlich vereinfachen und auch einen Standardwert anbieten, falls keine der Bedingungen zutrifft.

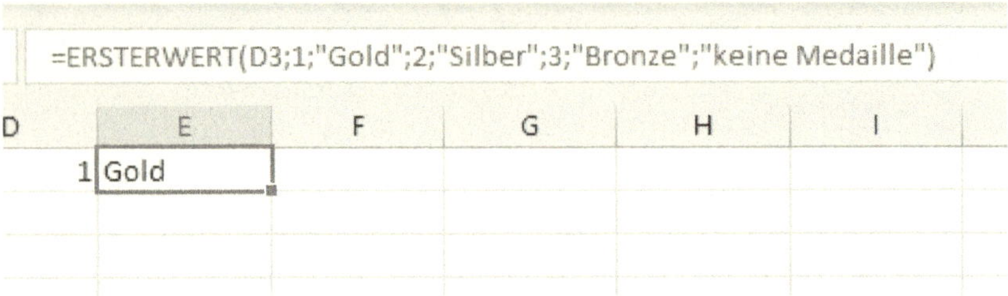

Mehrfach geschachtelte WENN() gehören damit der Vergangenheit an.

Für die anderen neuen Funktionen steht deren mitgelieferte Hilfe wie gezeigt zur Verfügung.

Ein anderes neues Feature steht für die Pivottabellen zur Verfügung. Denn meist ist das vom Anwender bevorzugte Layout nicht das Standardlayout, das bisher von Microsoft angeboten wurde. Jetzt kann sich jeder sein bevorzugtes Layout im Backstagebereich unter ***Datei / Optionen / Daten / Standardlayout*** festlegen.

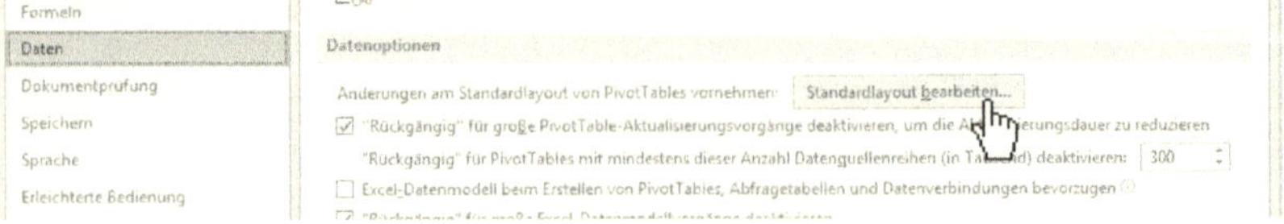

Im nächsten Fenster kann man sich seine Lieblingseinstellungen über die Dropdown-Felder aussuchen. Noch besser ist aber, dass man sich die Einstellungen auch einfach per Mausklick importieren kann. Ein Klick irgendwo in die Pivottabelle und dann auf **Import** und die hier festlegbaren Möglichkeiten sind übernommen.

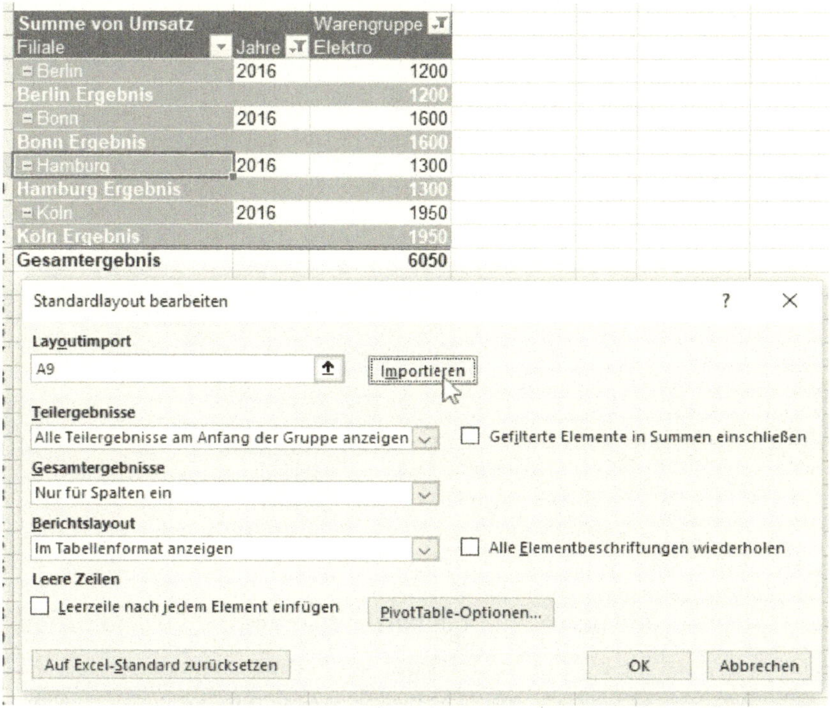

Jenseits des Gezeigten liegen die besten Verbesserungen in der Datenvisualisierung. Die erste neue Möglichkeit ist eher schlicht, nämlich ein neuer Diagrammtyp, das Trichterdiagramm. Dieses Diagramm ist geeignet, sich zuspitzende bzw. aufbauende Daten zu visualisieren.

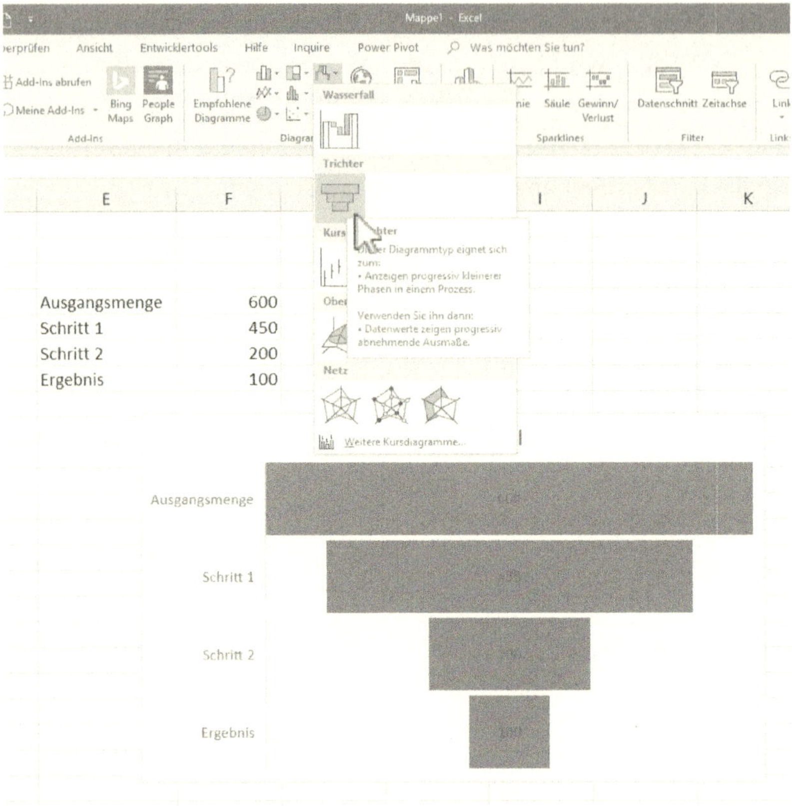

Wirklich neu sind derzeit nur die Kartendiagramme. Sie sind sicherlich eine gute Idee. Aber noch ist das Werkzeug nicht ausgereift und es ist nicht ganz einfach, ein funktionierendes Beispiel zu finden. In der Tat reichen Städtebezeichnungen nicht, es werden z.B. Länder, Regionen, Bundesländer oder Postleitzahlen erwartet. Eventuell hilft auch ein Umsortieren von großen Strukturen zu kleinen, damit der Inhalt erkannt wird. In jedem Fall ist eine Internetverbindung nötig, da die jeweiligen Daten live über den Bing-Kartendienst bezogen werden.

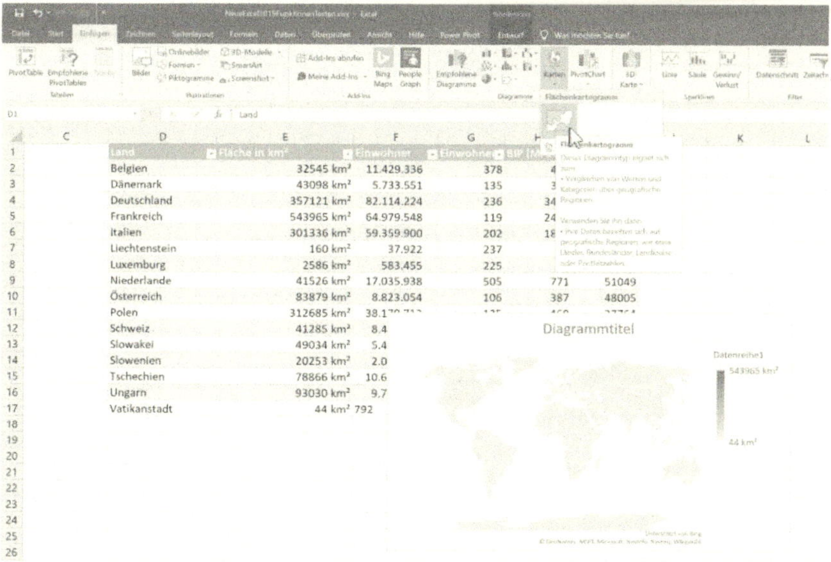

Da Ihre Daten im Hintergrund an Bing gesendet werden, sollten Sie an dieser Stelle noch einmal überlegen, wie vertraulich die zu verarbeitenden Daten sind und ob Ihnen ggf. alle nötigen Unterschriften Verantwortlicher vorliegen. Wenn das der Fall ist, können Sie die entsprechende Frage entspannt beantworten. Im Zweifel verzichten Sie lieber auf die Verwendung der an sich sehr praktischen Darstellungsmöglichkeit.

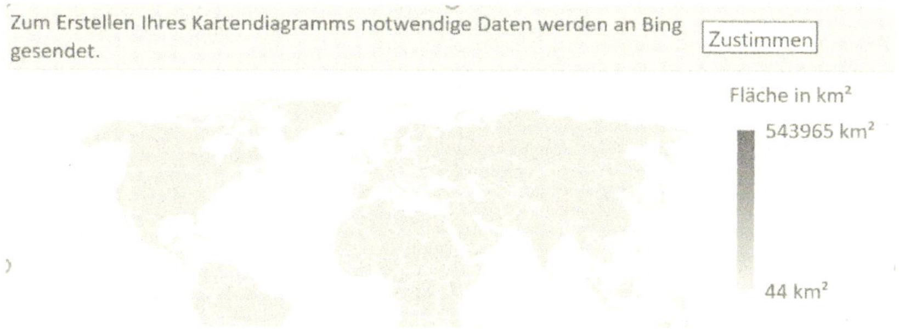

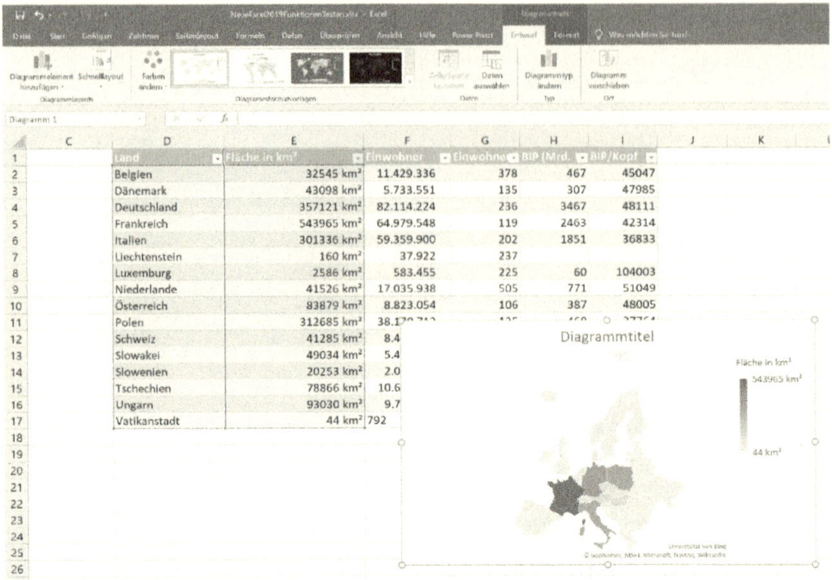

Im Beispiel wird also die erste Wertereihe farblich gegeneinander abgesetzt. Über das Dialogfenster **Datenauswahl** können jetzt noch Anpassungen vorgenommen werden, z.B. die Änderung der Legende vom Farbbalken zur klaren Farbunterscheidung.

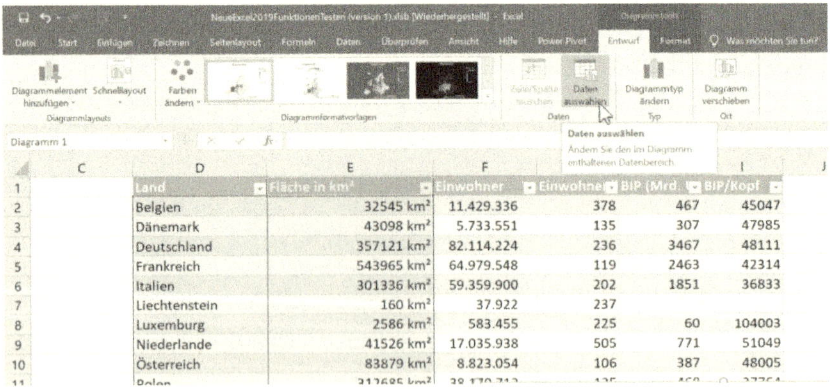

Bearbeiten Sie jetzt auf der linken Seite die Legendeneinträge...

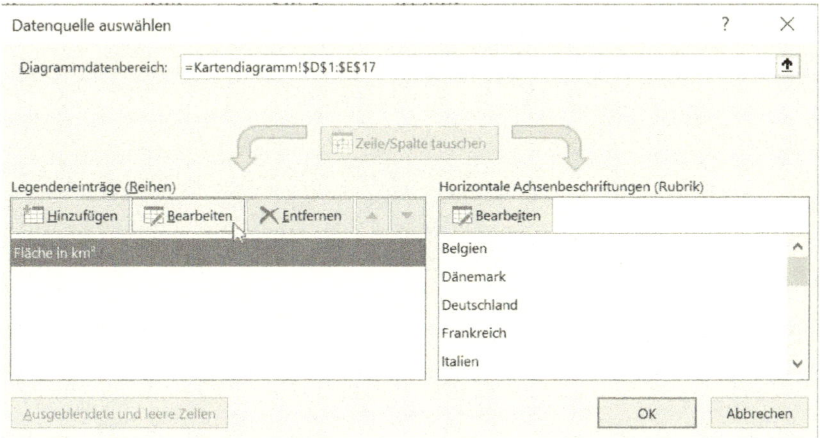

und lassen Sie dann nach Kategoriennamen darstellen...

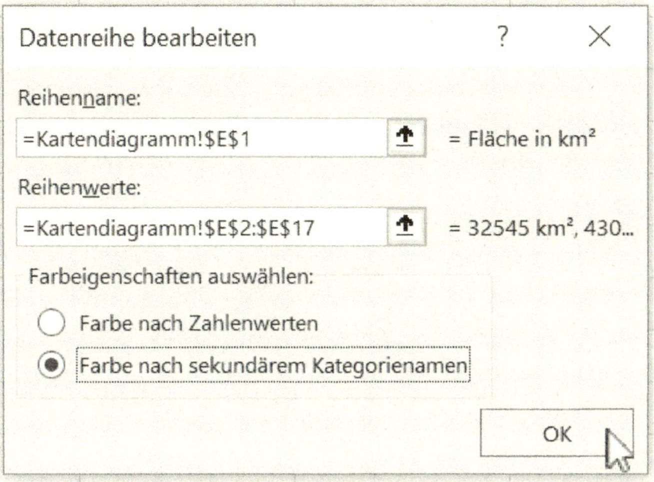

und klicken Sie zum Abschluss zweimal auf **OK**.

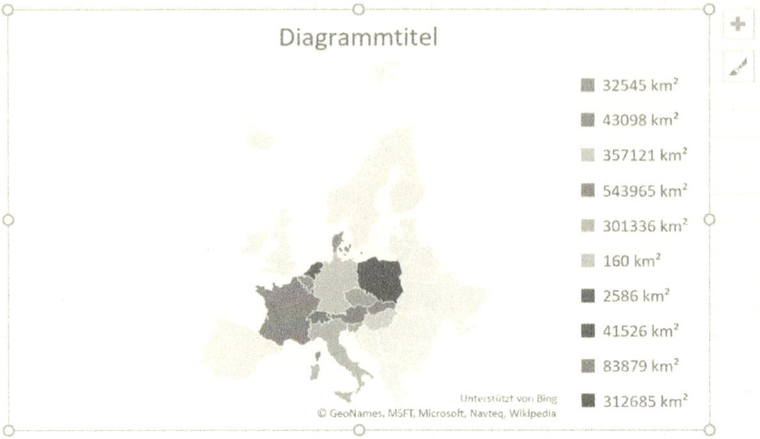

Will man andere Zahlen aus anderen Spalte zeigen, kann man z.B. erst die Bezeichnungsspalte markieren, dann die **STRG**-Taste gedrückt lassen und dann eine andere Zahlenspalte markieren.

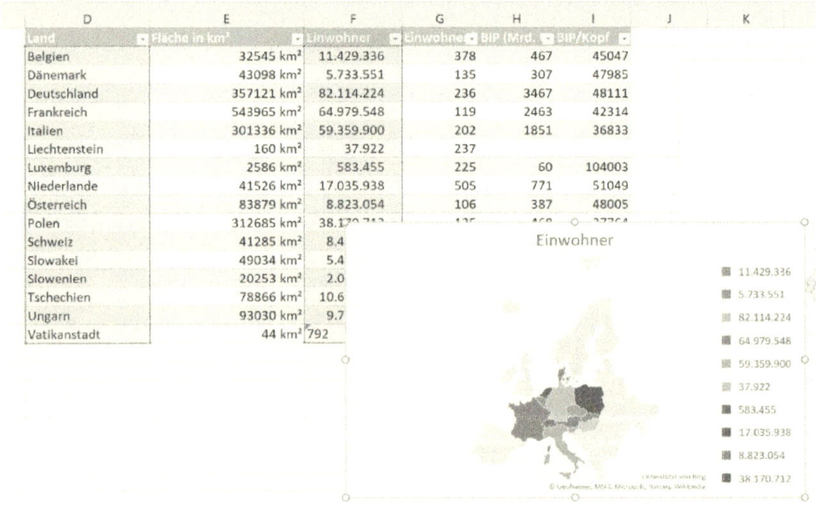

Land	Fläche in km²	Einwohner	Einwohne	BIP (Mrd.	BIP/Kopf
Belgien	32545 km²	11.429.336	378	467	45047
Dänemark	43098 km²	5.733.551	135	307	47985
Deutschland	357121 km²	82.114.224	236	3467	48111
Frankreich	543965 km²	64.979.548	119	2463	42314
Italien	301336 km²	59.359.900	202	1851	36833
Liechtenstein	160 km²	37.922	237		
Luxemburg	2586 km²	583.455	225	60	104003
Niederlande	41526 km²	17.035.938	505	771	51049
Österreich	83879 km²	8.823.054	106	387	48005
Polen	312685 km²	38.1[illegible]	[illegible]	[illegible]	[illegible]
Schweiz	41285 km²	8.4[illegible]	[illegible]	[illegible]	[illegible]
Slowakei	49034 km²	5.4[illegible]	[illegible]	[illegible]	[illegible]
Slowenien	20253 km²	2.0[illegible]	[illegible]	[illegible]	[illegible]
Tschechien	78866 km²	10.6[illegible]	[illegible]	[illegible]	[illegible]
Ungarn	93030 km²	9.7[illegible]	[illegible]	[illegible]	[illegible]
Vatikanstadt	44 km²	792	[illegible]	[illegible]	[illegible]

Möchte man z.B. den angezeigten Bereich optimieren, muss man in den Diagramm-Arbeitsbereich, z.B. durch Rechtsklick auf einen Datenpunkt und die Auswahl von **Datenreihen formatieren**.

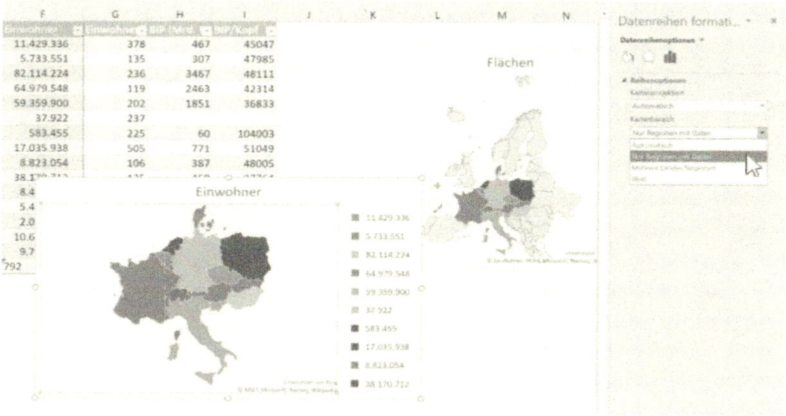

Durch die Auswahl von **Nur Regionen mit Daten** kann die Auswahl fokussiert werden – wobei die Übersichtlichkeit durchaus leiden kann, wenn die Umrisse der Regionen nicht sehr vertraut sind.

Vielleicht passen diese Darstellungen für Sie. Wenn aber umfangreichere Darstellungsmöglichkeiten gewünscht sind, wählen Sie die jetzt **3D-Karte** genannten vormaligen Maps. Sie haben sich seit ein paar Versionen nicht geändert und werden deshalb nur angerissen, nicht vollständig bearbeitet.

Notwendig sind wieder tatsächlich existierende geografische Angaben, wobei die 3D-Karten hier jedoch diverse verschiedene Werte verstehen, auch Hausadressen und GPS-Angaben werden akzeptiert. Außerdem ist zur Erstellung der Karten zwingend eine Online-Verbindung notwendig. Beim ersten Klick auf **3D-Karten** werden Sie möglicherweise noch gefragt, ob die Analysewerkzeuge aktiviert werden sollen, bestätigen Sie gegebenenfalls.

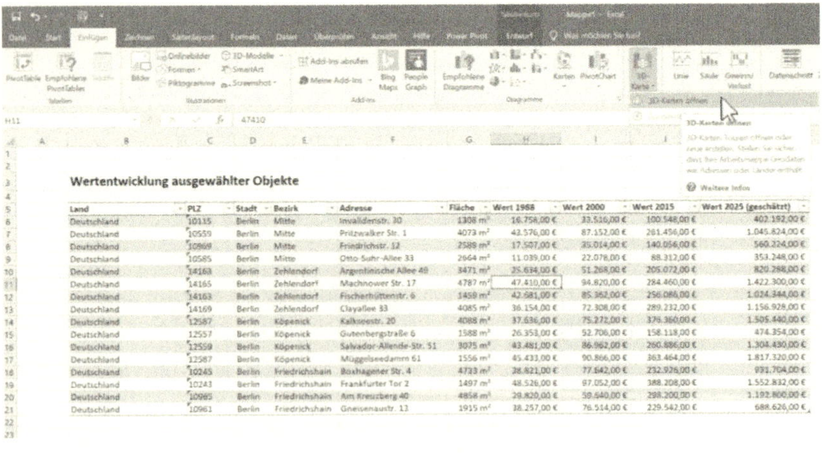

Es öffnet sich dann über dem normalen Excel-Fenster ein weiteres Fenster.

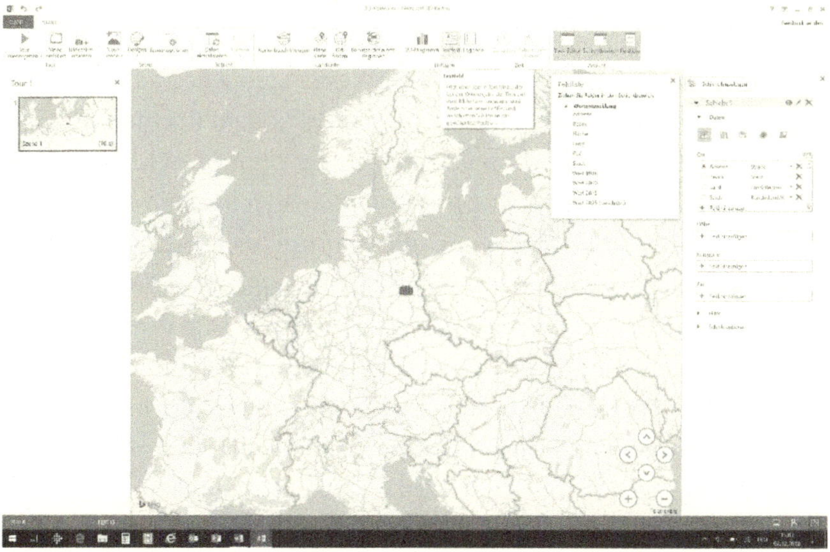

Sofern Ihre Angaben schon korrekt verstanden worden sind, wurden sie auch durchgestellt. Hier müssen wir in die Karte zoomen, da alle Tabellendaten sich auf Berlin beziehen und hier noch nicht gut zu erkennen sind. Sehen wir uns zunächst etwas um auf der Oberfläche.

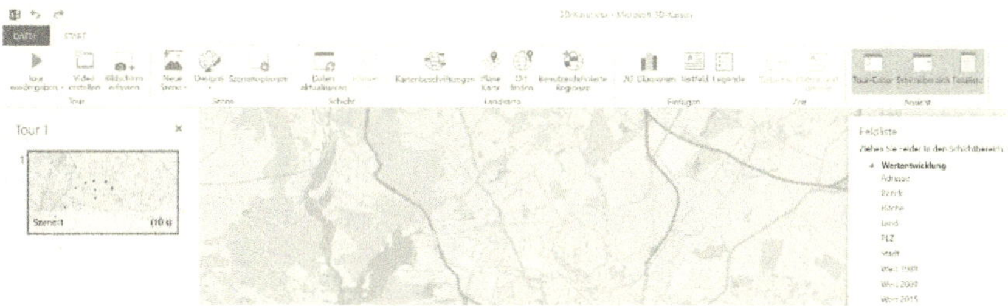

Da fällt zunächst auf, dass es keinen **Speichern**-Button gibt. In der Tat muss der Nutzer auch nicht speichern, es wird immer jede Eingabe sofort automatisch gespeichert. Dann sehen wir im Menüband, dass aus den Angaben, die wir machen, wahlweise ein Bild oder ein Video erstellt werden kann. So ein Video würde als *.mp4 erstellt und könnte unabhängig von Excel auf jedem Rechner oder im Rahmen einer Präsentation abgespielt werden. Ferner können mit **Designs** unterschiedliche Darstellungsweisen (topografisch, Infrastruktur) gewählt oder die Inhalte beschriftet werden. Selbst sehr kleine Ortschaften werden über die Schaltfläche **Ort finden** mit großer Sicherheit auf der Karte lokalisiert. Außerdem sind drei Arbeitsbereiche eingeblendet, von denen wir den **Tour-Editor** und die **Feldliste** momentan nicht brauchen, sie können deshalb mit einem Mausklick ausgeblendet werden. Interessant ist hier in erster Linie der Schichtbereich rechts. Dort wird festgelegt, was wie dargestellt werden soll. Aktuell wird **Schicht 1** zur Bearbeitung angeboten, die für diese Zwecke auch reichen soll. Hier kann je nach aktuellem Diagrammtyp (aktuell das gestapelte Säulendiagramm) können unterschiedliche Reihen zur Anzeige ausgewählt werden. Aktuell ist „Stadt" ausgewählt und weil alle Adressen sich in Berlin befinden, wird Berlin als ein einziges Karo angezeigt. Wollen wir jedoch jeden einzelnen Datensatz darstellen, muss die Ortsanzeige im oberen Schichtbereich geändert werden. Hier werden häufig die passenden Zuordnungen von Tabellen-Kopfdaten und vorgesehenen Feldern getroffen, bei Bedarf lassen sich diese Zuordnungen über den Klapppfeil aber anpassen und korrigieren. Wird z.B. die Anzeige von Postleitzahlregionen gewünscht, muss über Feld hinzufügen das Datenfeld „PLZ" zuerst angezeigt ...

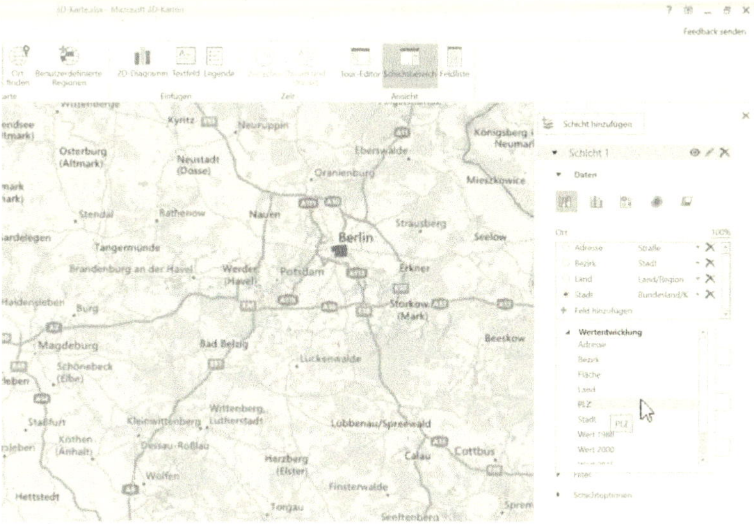

und dann mit dem in 3D-Maps vorgesehenen Ausdruck „Postleitzahl“ verbunden werden. Die Datenpunkte werden jetzt korrekt über das Stadtgebiet verteilt.

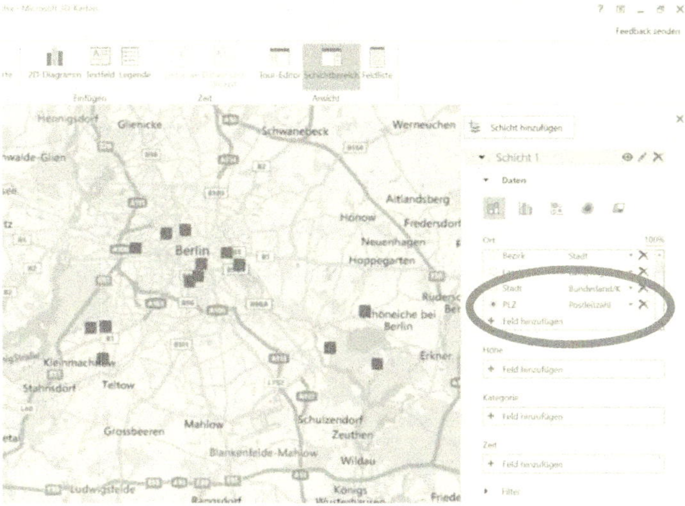

Um zunächst die Immobilienwerte von 1988 darzustellen, wurde der entsprechende Wert in das Höhenfeld gezogen.

Dabei wird automatisch auch eine Legende eingeblendet, die bei Bedarf gelöscht werden kann. Zur besseren Erkennbarkeit habe ich die Ansicht außerdem mit den Navigationspfeilen rechts unten in der Karte gekippt. Testen Sie ruhig auch einmal andere Darstellungsformen wie **Wärmebild** (unten) oder **Region**.

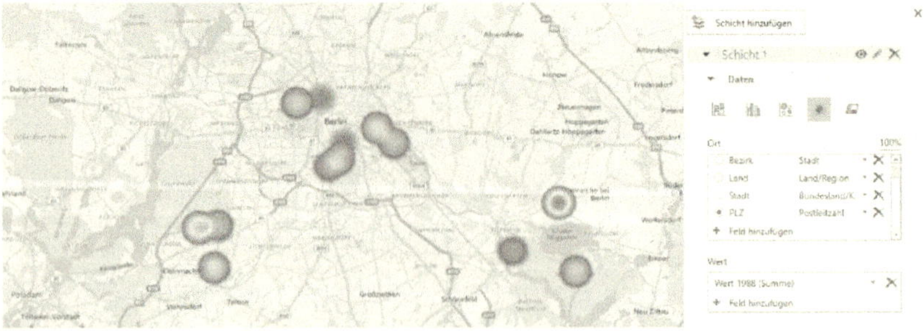

Häufig wird aber die Säulendarstellung gut passen. Deren Höhenfeld nimmt auch weitere Angaben auf, aber in diesem Fall ist dann die gestapelte Darstellung hier nicht mehr sinngerecht. Sie wird deshalb in **Gruppierte Säulen** geändert.

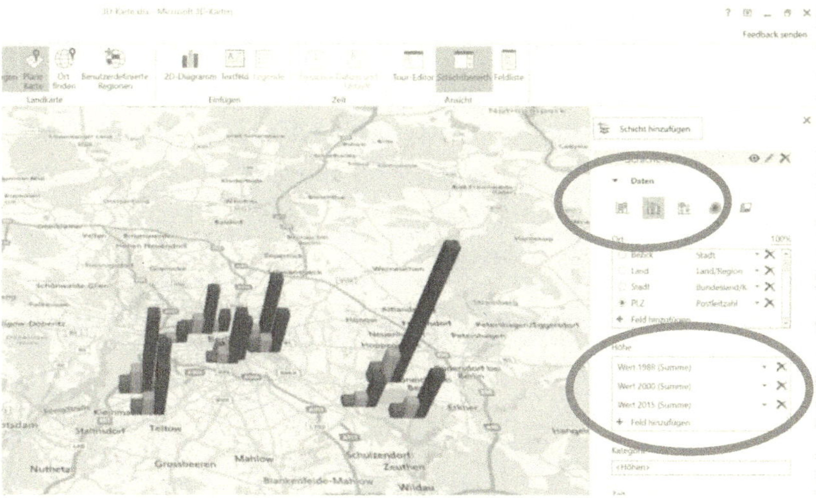

Dies soll als erster Schritt in die 3D-Maps genügen. Das Thema ist in der Tat sehr umfangreich und verdient ein eigenes Heft. In jedem Fall werden wie schon angemerkt die bereits erstellen Karten immer sofort in Excel gespeichert, ein Textfeld weist dann in dem Arbeitsblatt auf die Existenz der Karten hin.

3D-Karten-Touren

In dieser Arbeitsmappe sind 3D-Karten-Touren verfügbar.
Öffnen Sie 3D-Karten, um die Touren zu bearbeiten oder wiederzugeben.

Land	PLZ	Stadt	Bezirk	Adresse	Fläche	Wert 1988	Wert 2000	Wert 2015
Deutschland	10115	Berlin	Mitte	Invalidenstr. 30	1308 m²	16.758,00 €	33.516,00 €	100.548,00 €
Deutschland	10559	Berlin	Mitte	Pritzwalker Str. 1	4073 m²	43.576,00 €	87.152,00 €	261.456,00 €
Deutschland	10969	Berlin	Mitte	Friedrichstr. 12	2589 m²	17.507,00 €	35.014,00 €	140.056,00 €
Deutschland	10585	Berlin	Mitte	Otto-Suhr-Allee 33	2664 m²	11.039,00 €	22.078,00 €	88.312,00 €
Deutschland	14163	Berlin	Zehlendorf	Argentinische Allee 49	3471 m²	25.634,00 €	51.268,00 €	205.072,00 €
Deutschland	14165	Berlin	Zehlendorf	Machnower Str. 17	4787 m²	47.410,00 €	94.820,00 €	284.460,00 €

4 PowerPoint

In PowerPoint finden sich verschiedene Neuerungen, die etwas mehr Leben in die in der Praxis oft noch sehr statischen Präsentationen bringen können. Zuerst wäre da der Textmarker, den es jetzt auch hier in der Registerkarte **Start** gibt.

Vom Ansatz her neu und ungewohnt, in der Praxis aber sicher zu bedenken wäre das **Zoom**. Hierbei wird eine Art optischer Inhaltsverzeichnisfolie erstellt. Dazu erstellen Sie zunächst alle Inhaltsfolien, die Sie darstellen wollen. Wählen Sie dann aus der Registerkarte **Einfügen** das **Zusammenfassungszoom**.

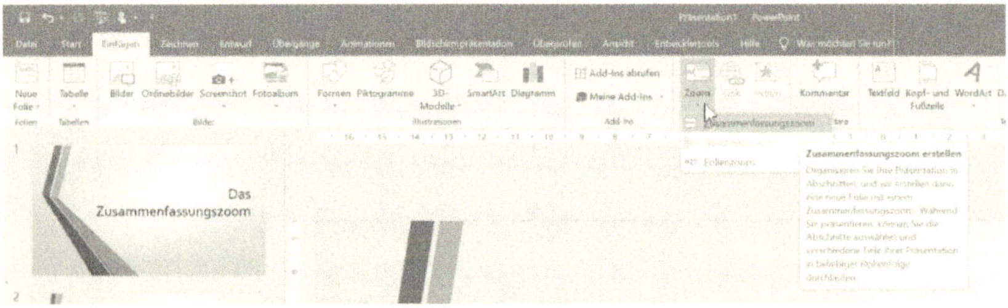

Daraufhin erhalten Sie ein Auswahlfenster, in dem Sie die gewünschten Folien anklicken können. Bestätigen Sie mit **Einfügen**.

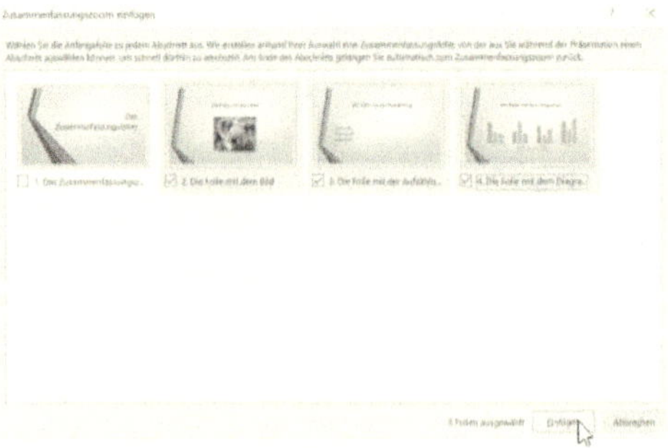

Sie bekommen daraufhin eine weitere Folie in die Präsentation eingefügt, die zunächst die anderen Folien als Grafiken enthält.

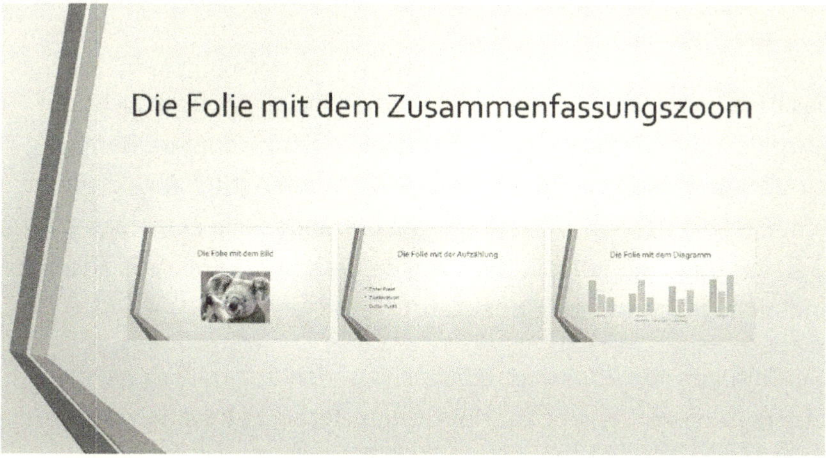

Beim Klick auf das Zoomelement wird die kontextsensitive Registerkarte **Zoomtools** angezeigt, in der Sie bei Bedarf noch Anpassungen vornehmen können.

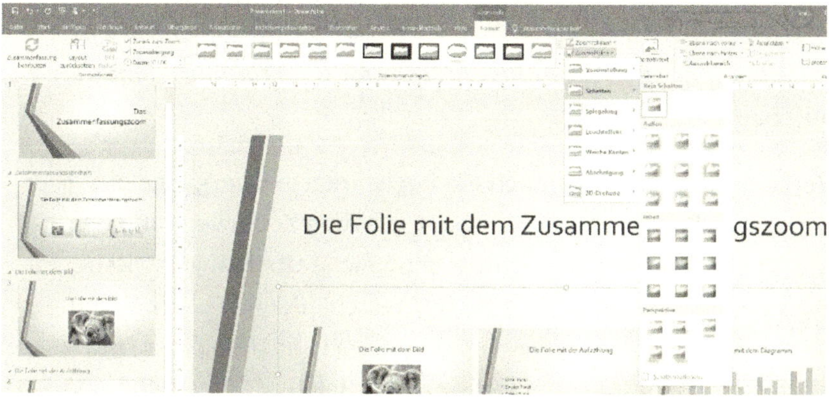

Wollen Sie dann aber sehen, wie die Sache eigentlich funktioniert, gehen Sie in die Bildschirmpräsentationsansicht und klicken Sie auf die verschiedenen eingebundenen Folien. Der Effekt ist eindrucksvoll, aber hier nicht abdruckbar.

Das **Abschnittszoom** funktioniert ganz ähnlich, wird aber nicht nur einzelne Folien, sondern ganze Abschnitte heranzoomen. Damit es zur Verfügung steht, müssen Sie einen Abschnittstitel angeklickt haben. Ein Folienzoom ist ein in eine bestehende Folie eingefügtes Link, das dann die Präsentation von der verlinkten Folie aus abspielt und nicht gleich wieder zurückkehrt.

Das Einfügen von Bildern scheint sich auf den ersten Blick nicht verändert zu haben, es gibt aber ein neues Detail. Es kann jetzt ein automatischer Alternativtext für Sehgeschädigte eingefügt, je nach Einstellung der Office-Hintergrunddienste. Für tatsächlich Sehgeschädigte mag es eine gute Idee sein, die Bilder mit Erklärungen zu versehen. In der Tat werden die meisten Präsentationen aber vor sehendem Publikum am Beamer gehalten. Benötigt man diese Funktion also nicht, so kann man sie unter ***Datei / Optionen / Erleichterte Bedienung / Alternativtext automatisch für mich generieren*** abschalten.

Vertraut sieht zunächst auch die Registerkarte **Übergänge** aus. Hier verbirgt sich jedoch eine Neuigkeit, die dem Zoom verwandt ist: das **Morphen**. Das Morphen ermöglicht weiche Übergänge zwischen der Darstellung der selben Objekte auf verschiedenen Folien. Wichtig ist hierbei, dass es jeweils wirklich dieselben Objekte bleiben, nicht etwa ein gleich aussehendes neu eingefügt wird. Dazu wird eine

Folie kopiert und nach der vorigen eingefügt, z.B. über **STRG + C** und **STRG + V**.

Auf der kopierten Folie können dann Veränderungen vorgenommen werden wie z.B. Größen-, Farb- und Textänderungen oder andere Positionen.

Wählen Sie dann für die zweite und ggf. weitere Folien in der Registerkarte **Übergänge** das **Morphen** aus.

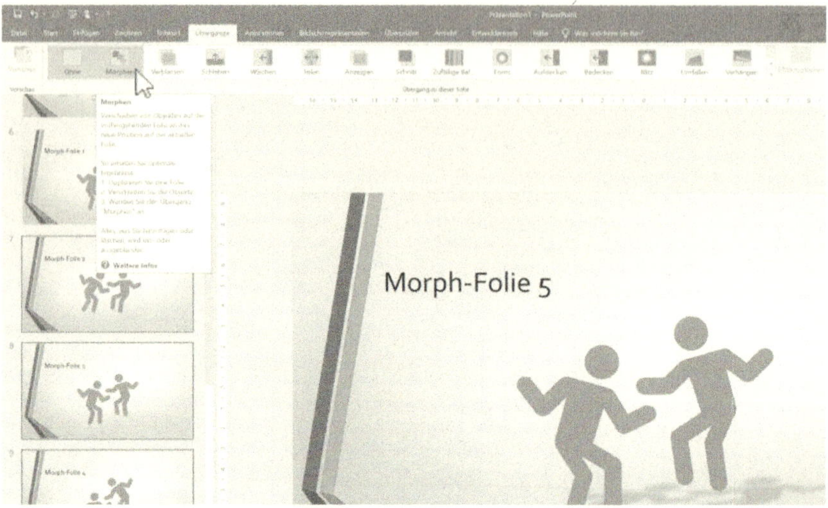

Übergänge werden immer beim Start der jeweiligen Folie angezeigt. Gehen Sie deshalb auf die Folie davor (also die, die Sie anfangs kopiert haben), und gehen Sie in die **Bildschirmpräsentationsansicht**. Klicken Sie irgendwohin und prüfen Sie, wie die neue Folie sanft eingeblendet und das Objekt verändert wird. Wollen Sie jetzt noch etwas verändern, können Sie das über die Effektoptionen tun.

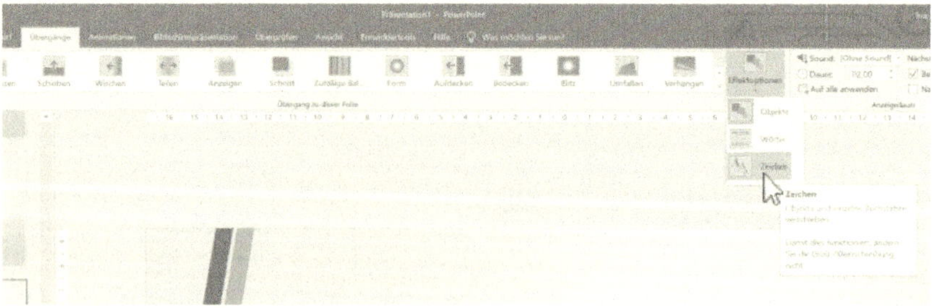

Anschließend gibt es nach dem großen Erfolg der Bildschirmvideoaufzeichnungen für PowerPoint noch eine weitere Verschönerung in dieser Richtung: Aufzeichnungen der ganzen Präsentation. Hierbei wird intern nicht einfach ein langer Film Ihrer Präsentation erstellt, sondern Ihre Kommentare und Aktionen einzelnen Folien zugeordnet. Auf diese Art können Sie die Präsentation später noch umsortieren, ohne deshalb gleich alles neu machen zu müssen. Das heißt aber auch, dass während der Folienübergänge nichts aufgezeichnet wird und es generell eine gute Idee wäre, am Anfang und Ende jeder Folie einen Moment Ruhe mit einzuschließen. Sofern abzusehen ist, dass sich manche Nutzer die Präsentation in PowerPoint online ansehen, sollten Sie sich vergewissern, ob Ihre ggf. verwendeten Folienübergänge dort unterstützt werden.

Wenn Sie jetzt also eine Präsentation aufzeichnen möchten, sind natürlich Mikrofon und ggf. Webcam zu empfehlen, wenn auch nicht notwendig. Unverzichtbar ist aber in der Tat, sich die entsprechende Registerkarte einblenden zu lassen. Dies geschieht über ***Datei / Optionen / Menüband anpassen***.

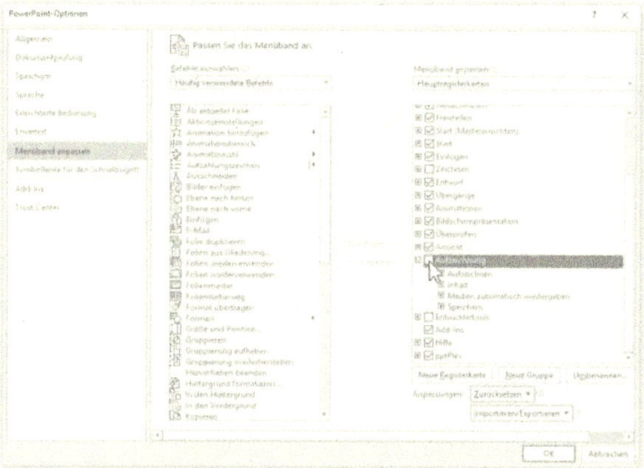

Die neue Registerkarte **Aufzeichnung** bietet dann nötigen Werkzeuge, in erster Linie den Button **Bildschirmpräsentation aufzeichnen**.

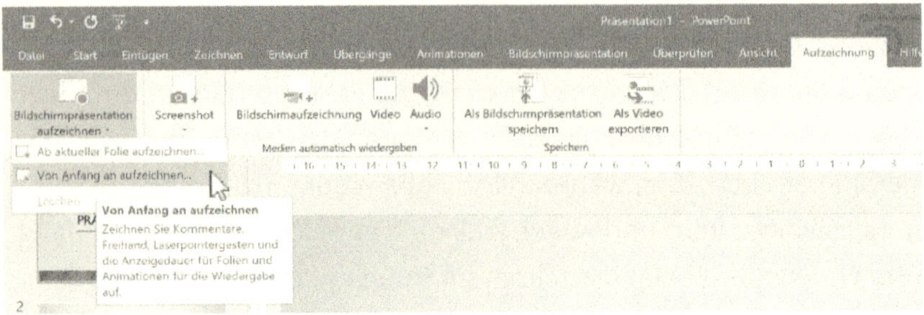

Hier können Sie Ihre Kommentare und ggf. Freihandeingaben dann wahlweise Folie für Folie oder von Anfang an aufzeichnen. Dabei wird zunächst eine neue Ansicht geöffnet.

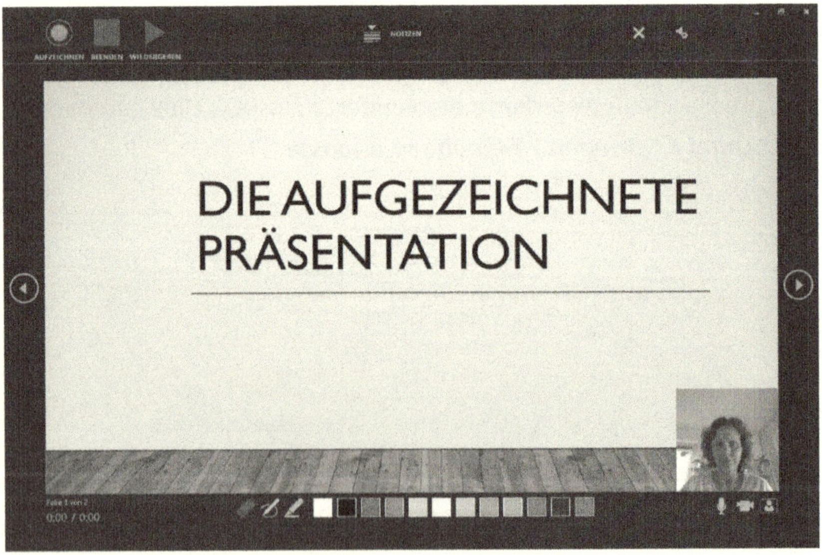

Auf diesem Bildschirm finden Sie alle Bedienungselemente und Einstellungsmöglichkeiten. Unten die farbige Auswahlliste ist praktisch, wenn Sie während der Präsentation Freihandeingaben machen möchten. Zwei Stifte, ein Radiergummi und 12 Farben stehen zur Auswahl. Rechts unten finden Sie ggf. das Bild, das Ihre Webcam gerade aufzeichnet. Mit Klick auf die Symbole darunter können Sie die Geräte ausschalten oder auch nur Ihr Bild für den Moment ausblenden. Am oberen Rand gibt es zunächst die drei Symbole zu Starten einer Aufzeichnung, dem Stoppen und Abspielen der Aufzeichnung.

Sehr praktisch ist in der Mitte die Möglichkeit, Ihre Präsentationsnotizen während der Aufzeichnung einzublenden. Sie werden dabei nicht in die Aufzeichnung eingeschlossen! Die beiden Symbole rechts löschen die Aufzeichnung und erlauben ggf. Einstellungen zu Mikrofon und Webcam. Mit den beiden Pfeilen links und rechts können Sie sich durch Ihre Präsentation klicken, das Fenster schließen lässt sich mit der **ESC**-Taste.

Detaillöschungen sind aber auch im Bearbeitungsfenster möglich.

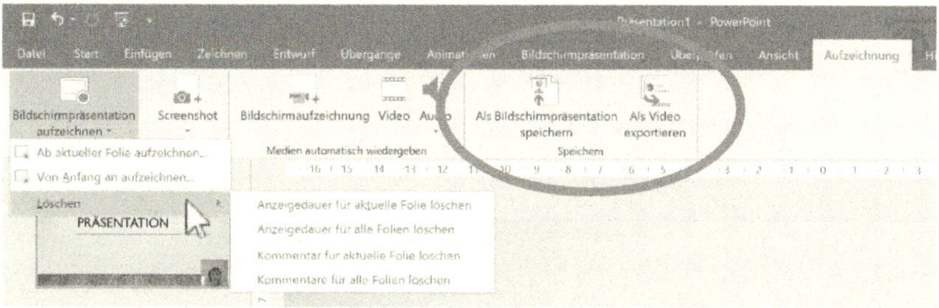

Sie können Ihr Werk am Ende dann als Bildschirmpräsentation oder als Video speichern.

5 Outlook

Da sämtliche Textfunktionen in Outlook eigentlich von Word ausgeführt werden, können Sie jetzt auch E-Mails vorlesen lassen. Die entsprechende Schaltfläche findet sich sowohl im Programmfenster als auch im jeweiligen Mailfenster. Die Teilnehmer von Besprechungen werden sich freuen, jetzt auch die Rückmeldungen der anderen Teilnehmer zu sein, auch wenn sie nicht selbst der Organisator sind. In den Outlook-Optionen kann jetzt eingestellt werden, dass Erinnerungen über allen anderen Fenstern angezeigt werden oder unterbleiben, falls der Termin schon vorbei ist.

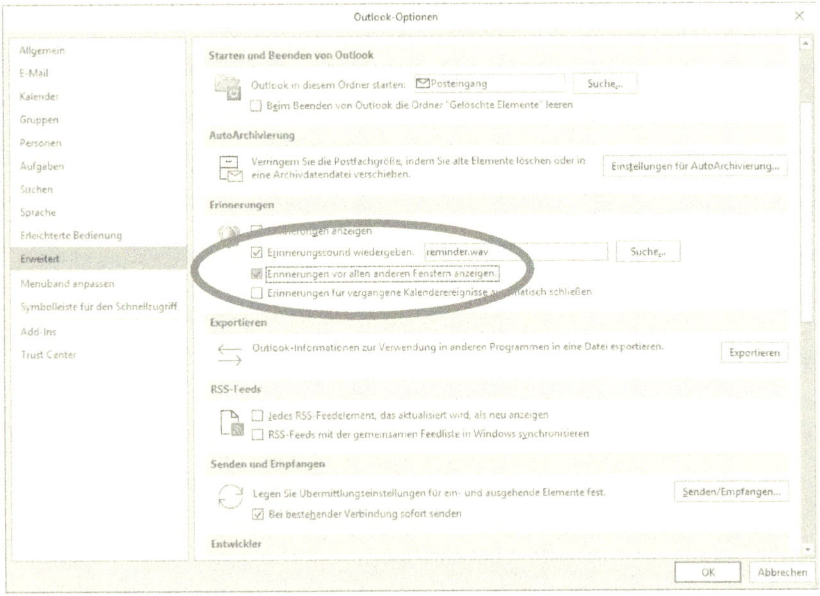

Da sämtliche Textfunktionen in Outlook eigentlich von Word ausgeführt werden, können Sie jetzt auch E-Mails vorlesen lassen und diktieren, wenn Sie die nötige Hardware dazu haben. Die entsprechende Schaltfläche findet sich sowohl im Programmfenster als auch im jeweiligen Mailfenster. Außerdem gibt es eine Filterfunktion, die zwar praktisch ist, aber eigentlich nur die bekannte Suche aufruft.

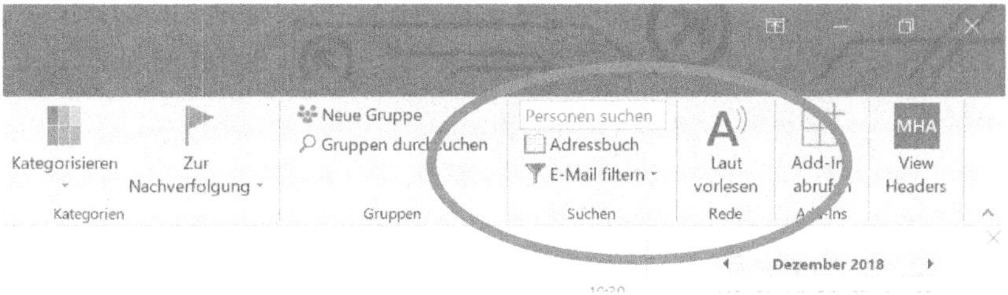

Noch neu ist die Darstellung des Posteingangs mit Relevanz – gewissermaßen eine Zwischenstufe zwischen wichtigen Mails und Spam.

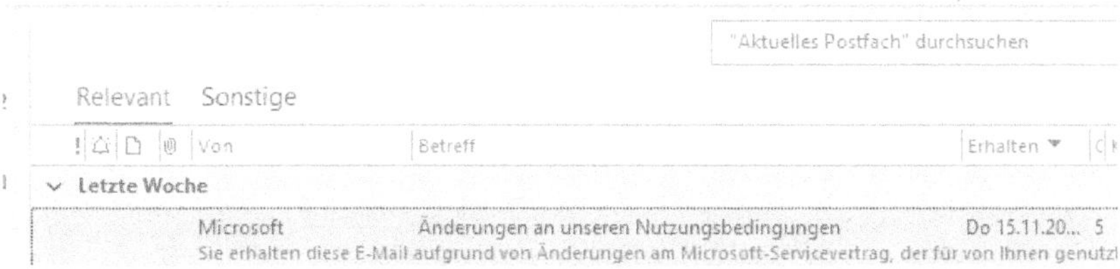

Ob das für übersichtlich gehalten wird, ist Geschmackssache. Sofern die Darstellung Ihrem Geschmack nicht entspricht, kann die Anzeige über die Registerkarte **Ansicht** wieder auf die Vorversion geschaltet werden.

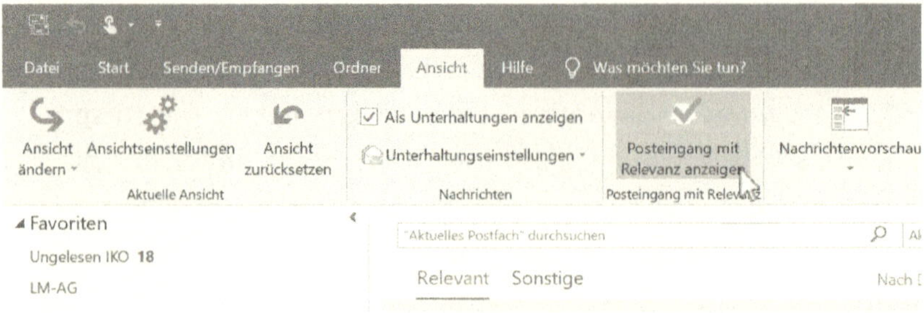

Als Highlight gibt es dann noch eine lange überfällige Verbesserung für alle diejenigen, die öfter Textbausteine in E-Mails verwenden möchten. Die hakelige Verwendung von Outlook-Vorlagen ist damit nicht mehr nötig, auch die funktionierenden, aber häufig unbekannten Schnellbausteine werden jetzt nicht mehr gebraucht. Denn jedes E-Mail-Fenster hat jetzt einen beliebig verwendbaren Vorlagenbereich, der sich nach Bedarf ein- oder ausblenden lässt.

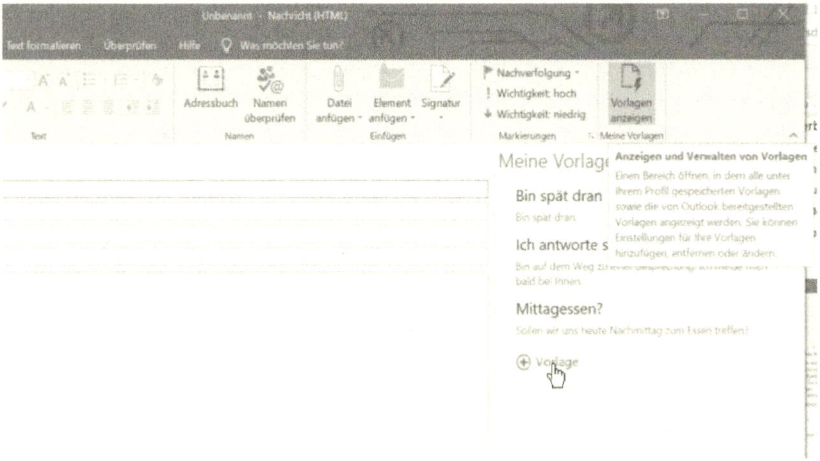

Hier werden schon einige Vorschläge seitens Microsoft angeboten, die man für sich bearbeiten oder auch löschen kann. Mit einem Klick auf das blaue Vorlagenlink lassen sich jedenfalls beliebige eigene Bausteine erstellen.

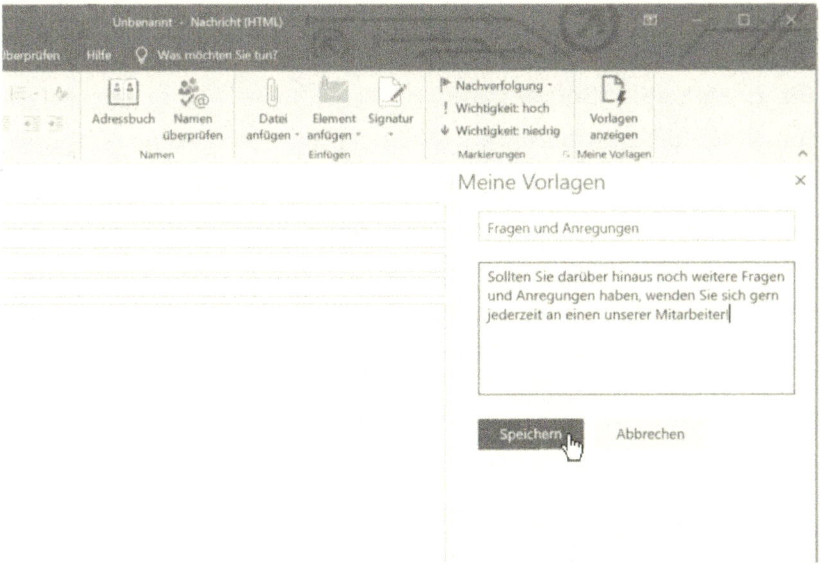

Die Bausteine werden dann am rechten Rand aufgelistet und können nach Wunsch an beliebiger Stelle in der Mail verwendet werden.

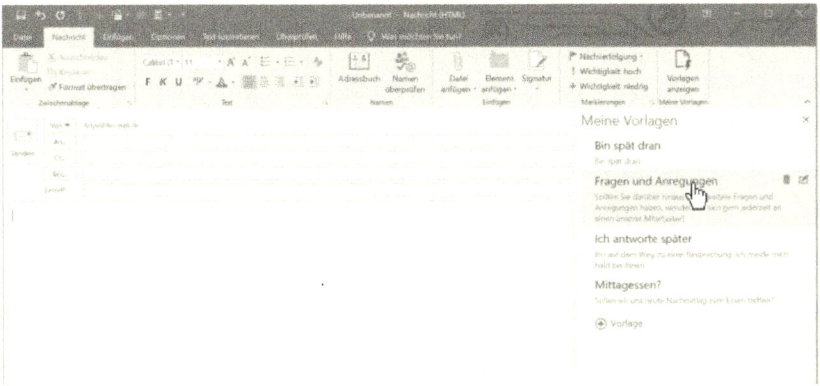

6 Weiterführendes

In der Reihe „kurz & knackig" sind bisher erschienen:

Bd. 1: Eingaben steuern und nachverfolgen

Bd. 2: Arbeit für Doofe sparen

Bd. 3: Sofortiger Überblick

Bd. 4: Outlook als persönliche Assistentin (Outlook 2010, 2013 und 2016)

Bd. 5: Bewegung!

Bd. 6: Die Nadel im Heuhaufen

Bd. 7: Datenmassen bändigen

Bd. 8: Mailings erstellen und selbst frankieren

Bd. 9: Das digitale Notizbuch

Bd. 10: Teamarbeit

Bd. 11: Office 365 – Was gibt's Neues?

Bd. 12: Office 2019 – Was gibt's Neues?

Bd. 13: Outlook 2019 als persönliche Assistentin

... diese und alle neuen jeweils unter

www.kurzundknackig.online und KurzUndKnackig

Sowie weiterhin von Ina Koys:

Powerpoint 2013 mit Unternehmensvorgaben
Powerpoint 2016 mit Unternehmensvorgaben

Made in the USA
Middletown, DE
04 November 2026

36535576R00038